高校教育管理研究

古翠英 范成博 关怡 著

九 州 出 版 社
JIUZHOUPRESS

图书在版编目（CIP）数据

高校教育管理研究／古翠英，范成博，关怡著．--北京：九州出版社，2024.3
ISBN 978-7-5225-2765-9

Ⅰ.①高… Ⅱ.①古…②范…③关… Ⅲ.①高等学校-教育管理-研究 Ⅳ.①G640

中国国家版本馆 CIP 数据核字（2024）第 066204 号

高校教育管理与学生素质的培养探索

作　　者	古翠英　范成博　关怡　著
责任编辑	刘　嘉
出版发行	九州出版社
地　　址	北京市西城区阜外大街甲 35 号（100037）
发行电话	（010）68992190/3/5/6
网　　址	www.jiuzhoupress.com
印　　刷	唐山才智印刷有限公司
开　　本	787 毫米×1092 毫米　16 开
印　　张	8.75
字　　数	150 千字
版　　次	2025 年 1 月第 1 版
印　　次	2025 年 1 月第 1 次印刷
书　　号	ISBN 978-7-5225-2765-9
定　　价	72.00 元

★版权所有　侵权必究★

PREFACE 前 言

  高校教育管理与思维创新密切相关,对于推动教育事业的进步和发展至关重要。在当今知识经济时代,高等教育不仅是知识传授的场所,更是培养创新人才的摇篮。因此,高校教育管理必须与时俱进,注重思维创新,以应对复杂多变的社会需求和挑战。高校教育管理需要引入创新思维。传统的管理模式往往注重规章制度和层级体系,缺乏对于创新的鼓励与支持。然而,随着社会变革的加速和科技进步的不断推动,传统管理模式已经不能满足现代高校的需求。因此,引入创新思维成为必然选择。创新思维不仅包括对问题的重新审视和解决方案的探索,更重要的是培养学生的创新能力和创造性思维,使他们具备面对未来挑战的能力。

  高校教育管理需要打破思维定式。传统的教育管理往往受限于固有的思维定式和模式,难以适应快速变化的社会环境。因此,打破思维定式成为当前高校管理的迫切需求。通过引入跨学科的思维、跨界的合作以及开放式的创新平台,可以打破部门之间的壁垒,促进知识交流和创新合作,推动高校教育管理向更加开放、灵活的方向发展。

  高校教育管理与思维创新是当今教育领域的一个重要课题。随着社会的快速发展和知识经济的崛起,高等教育扮演着越来越重要的角色。作为培养未来社会中坚力量的摇篮,高校教育管理必须不断创新,以适应时代的需求,培养具有创新思维的人才。本书旨在探讨高校教育管理与思维创新之间的关系,分析当前教育管理存在的问题,并提出相应的解决方案。通过对教育管理中的思维模式、制度机制以及管理方法进行深入研究,以期为高校教育管理实践提供有益的借鉴和启示。

  作者在写作本书的过程中,借鉴了许多前辈的研究成果,在此表示衷心的感谢。由于本书需要探究的层面比较深,作者对一些相关问题的研究不透彻,加之写作时间仓促,书中难免存在一定的不妥和疏漏之处,恳请前辈、同行以及广大读者斧正。

CONTENTS 目 录

第一章　高校教育管理概述 ··· 1
　第一节　高校教育管理的内涵 ··· 1
　第二节　高校教育管理的组织系统及队伍建设 ································· 9
　第五节　高校大数据教育管理一般性分析 ······································ 12

第二章　高校课程管理 ··· 18
　第一节　现代化背景下高校课程的确立研究 ································· 18
　第二节　高校精品课程建设及其应用模式 ····································· 30
　第三节　高校在线开放课程建设政策 ·· 41

第三章　高校学生管理理念 ··· 63
　第一节　大学生管理的内涵与价值 ·· 63
　第二节　大学生管理的理念与原则 ·· 85
　第三节　大学生管理的过程与方法 ·· 92
　第四节　大学生管理的发展与创新 ·· 98

第四章　高校学生的自我管理及民主管理思维创新 ··················· 106
　第一节　高校学生自我管理的特征、原则及作用 ······················· 106
　第二节　高校学生自我管理的内容和途径 ································· 109
　第三节　高校大学生民主管理 ··· 113
　第四节　高校学生社团活动的管理 ··· 123

参考文献 ··· 131

第一章 高校教育管理概述

第一节 高校教育管理的内涵

20世纪以来,随着科学技术的不断发展,国际间的国力竞争愈加激烈,社会发展逐渐呈现全球化的趋势。在这一大背景下,高等教育的全球化发展变得日益重要。高校改革,尤其是教学改革,成为提高教育教学质量的关键因素之一。在努力深化高校改革的过程中,教学管理工作的改革愈发凸显其重要性。教学管理工作在高校管理中扮演着核心的角色,它不仅关系到维持正常的教学秩序,实现人才培养目标,还直接关系到提高教学质量的保证。随着全球化的推动,高校在硬件建设的同时,更需要注重软件建设,特别是在构建科学合理、专业化的教师队伍和管理人员队伍方面。新形势下,教学管理队伍作为管理工作的主体,其素质、能力和管理水平直接影响着高校教学工作的稳定、发展和提高,也直接影响着高校教学质量和未来的发展方向。

为了全面提高教学质量,促进科学发展,高校不仅需要加强办学条件和教学设备等硬件建设,更需要强化教学管理队伍的软件建设。建设一支具备职业道德、专业思想、专业知识、专业能力和专业品质的成熟专业化教学管理队伍对于高校的科学发展具有重大的价值和意义。在新的时代背景下,教学管理工作不仅要求高校建设一支结构合理、队伍稳定、素质高、服务意识强、创新能力强的专业化、职业化的教学队伍,同时也需要注重提升教学管理队伍的素质和水平。高素质的教学管理队伍不仅是有效促进高校教育教学质量提高的关键,更是突出高校培养优势和管理特色,保障高校未来可持续发展的重要人力保障。

一、高校教育管理的本质与内容

（一）教学管理的本质

教学管理的本质体现在高等学校系统中，其研究对象是教学子系统。该管理涉及多个层次和多种因素，旨在通过组织和有效运用有限的人力、物力、财力资源，对教学过程进行科学而合理的安排。重点在于实现教育资源的最优配置，以达到教学工作的最佳效益。这需要系统性的方法，涵盖课程设计、教学方法、学生评价、师资培训等方面，以确保整个教学体系的顺畅运转和持续改进。通过教学管理，学校能够更好地满足学生需求，提高教学质量，推动教育事业的可持续发展。教学管理是在复杂多变的学校环境中协调各项教育资源，为促进全面素质教育而不懈努力的重要工作。

（二）教学管理的基本任务和职能

教学管理的基本任务是在遵循教育教学基本规律的前提下，通过系统规划对培养、改革、建设和管理的全面考虑，运用现代科学管理手段，以确保教育教学目标在动态演进中得以有效实现。为实现这一目标，教学管理需要具备多方面的职能，可以概括为"决策、规划、组织、指导、控制、协调、评估、激励、研究、创新"。决策和规划是教学管理的重要职能之一。在教学过程中，管理者需要做出明智的决策，制定合理的规划，明确教育教学目标和发展方向。这涉及对教学资源的优化配置、课程设置的科学规划等方面。

组织和指导是管理的关键环节。为了实现教学目标，管理者需要有效组织各类教育资源，包括师资、设施、教材等，同时提供明确的指导和支持，确保教学活动的有序进行。控制和协调是教学管理中不可或缺的职能。通过制定有效的控制措施，管理者可以监测教学过程，确保它们符合预期目标。同时，协调各方面的资源和利益，确保整个教育系统的协同运作，达到最佳效果。

评估和激励是教学管理的关键环节。通过对教学过程和成果的评估，管理者可以了解教学质量，并提出改进建议。激励则是通过奖励制度、师资培训等方式激发教育工作者的积极性，提高整体教学水平。研究和创新是教学管理不断发展的动力。通过对教学方法、管理模式的研究，管理者可以不断创新，提高教学质量，适应社会变革和科技发展的需求。这些职能之间相互交叉、互相联系，形成一个有机的整体，为教学管理提供了全面而系统的支持，确保了教育教学目标的顺利实现。

（三）教学管理内容体系

教学管理的核心在于确保每位教学管理者清楚地了解他们应该关注什么，应该重点关注什么，以及如何有效地进行管理。教学管理是一个有机的、统一的整体，其内容体系可从不同角度呈现出不同的框架。从教学管理业务的科学或工作体系来看，可以总结为"四项管理"，即教学计划管理、教学运行管理、教学质量管理与评价，以及教学基本建设管理。从教学管理职能的角度来看，主要包括决策规划、组织指导、控制协调、评估激励和研究创新。从教学管理的高度和层次来看，涵盖了静态管理与动态管理相结合的教学改革、教学建设和日常管理。这些方面共同构成了教学管理的全面体系，为确保教育机构的有效运作和学生的全面发展提供了坚实的基础。

二、高校教育管理的指导思想与原则

（一）高校学生管理的理论根据

科学的管理在提高管理效率和优化教育质量方面具有重要意义。有效的管理需要建立在符合客观实际、法治化、人性化的管理规章制度基础上。这些要素不仅离不开科学的管理思想，而且涵盖了认识理论、基本原则和具体方法三个层面。

管理思想是关于管理的观点、观念或理论体系，反映了管理理论和实践在人们头脑中的结合。它对管理工作具有指导作用，并随着社会和管理活动的发展而演变。高校学生管理属于教育管理范畴，因此其管理思想应与教育管理思想相类似，是一个复杂的理论课题。在哲学层面上，高校学生管理思想包括以下几个方面，应运用动态平衡的管理思想。管理是一个不断发展变化的过程，受到政治、经济和文化变化的影响，同时也受到高校内部变化的影响。运用动态平衡的管理思想要有发展的观点，与时俱进，立足于现实，着眼于未来，不断分析研究新情况，解决新问题。

应运用对立统一的管理思想。高校学生管理中存在各种矛盾关系，需要通过对立统一的管理思想进行分析研究，解决诸如管理者与管理对象之间的矛盾、教育与管理之间的矛盾等问题。应运用实践探索的管理思想。实践是检验真理的标准，也是正确认识的主要来源。高校学生管理是实践性很强的科学，要求有实践意识和探索创新的勇气，将实践中形成的好经验提升到理论高度，以指导学生管理工作的新实践。通过不断的实践和探索，推动学生管理工作不断提升水平。

（二）高校学生管理的原则和基本方法

在学生管理工作中，管理原则充当着承上启下的关键角色。这些原则是对客观规律的精准反映，为观察问题和处理问题提供了明确的准绳。在学生管理中，管理原则不仅是实现管理目标的手段中介，更是在管人处事过程中所依循的法则。这些原则在学生管理工作中具有指导性作用，为确立明确的管理目标提供了方向。它们是管理活动中不可或缺的基本要求，是确保管理活动有效展开的重要依据。管理原则的运用有助于保持管理活动的合理性和科学性，从而使学生管理工作更加有序、高效。

通过遵循管理原则，学生管理者能够在处理学生事务时更加明智和理性。这些原则为管理者提供了一套可靠的方法论，帮助他们制定切实可行的管理策略。管理原则不仅是学生管理工作中的理论指导，更是实际操作中的行为准则，确保了管理活动的科学性和有效性。

1. 高校学生管理的基本原则

大学学生管理的基本原则是根据学生管理工作的目的、任务以及培养学生成为社会主义合格人才的客观规律制定的。这一基本原则不仅直接关系到学生管理的效果，更是制约和指导其他个别和特殊原则的准绳。通过遵循这一基本原则，学校能够确保学生管理工作紧密贴合教育目标，促进学生成长为全面发展、德智体美劳全面发展的社会主义合格人才。这种基本原则为学生管理提供了稳固的理论基础，使得管理工作更具有科学性和导向性，有助于实现高校培养目标的顺利实施。

（1）学生管理工作具有方向性，以坚持社会主义方向为准绳是我国学生管理的本质特点。作为社会主义国家，高等院校被赋予培养社会主义建设者和接班人的使命。管理工作要紧密结合社会主义核心价值观，引导学生树立正确的世界观、人生观、价值观。在培养学生的同时，注重塑造社会主义精神风貌，培养爱国、集体主义、社会责任感等优秀品质。学生管理方向性的原则必须紧密契合社会主义办学理念，以确保学生在学术、思想和品德等方面全面发展，成为社会主义事业的栋梁之才。

（2）理论与实践相结合是高校学生管理的基本原则，坚持实践是检验真理的标准。科学的学生管理需紧密关注本地区、本校、本专业、本年级学生的具体情况，从学生的素质、兴趣、爱好出发，考虑青年的生理、心理特点等因素，制定相应的方法和措施。这种基于实践的管理理论能够更切实地适应学生的需求，提高管理的针对性和实效性，确保学生在全面发展的过程中获得更好的培养和指导。

（3）民主管理原则。民主管理原则是高校学生管理工作的重要方面，旨在培养学生自我控制和自我管理的能力，激发学生在管理中的主动意识和主人翁态度，调动其自我管理的内在积极性。学生对学校规章制度和行为纪律会进行合理性思考，不愿被动服从，而是渴望参与管理。在实施民主管理时，应充分发挥党团员学生的作用，注重学生干部的选拔与培养，以建立学生管理的民主氛围，促使学生更积极地参与学校管理，形成共同推动学校发展的良好局面。

2. 高校学生管理的方法

高校学生管理的方法是根据其管理原则，为实现大学生培养目标而在德、智、体及其他方面所采取的具体方式、步骤、途径和手段。一般有个性化指导，社会实践，心理辅导，学业辅导，团学活动，文体活动等方法。这些方法有助于激发学生的潜能、促进全面发展，塑造他们的道德品质和个人素养，推动他们成为具有创新精神和社会责任感的优秀人才。

（1）调查研究。在学生管理工作中，持续进行调查研究是至关重要的。必须经常对学生的情况进行调查、了解和掌握，以便及时采取相应的处理措施。在进行调查研究时，要认真规划调查对象、目的和方法，绝不能临时应付，以免导致草率从事。坚持实事求是的原则是调查研究的基础，不能简单以上级单位或某人的指示、意见为结论，必须通过下面的寻找材料佐证来确保调查的真实性和客观性。对调查材料和事物进行分析、综合和深入研究，可以更全面地了解学生的需求和问题，为制定有效的管理策略提供科学依据。这种持续的调查研究工作有助于提高学生管理的精准性和针对性，确保学校的教育工作更好地满足学生的实际需求。

（2）建立规章制度。在大学生管理中，建立一系列科学的规章制度是必要的方法。这些制度应符合大学生身心发展特点、教育规律和德、智、体培养目标的要求。制度的制定需要不断完善，与教育的发展同步，并保持相对的稳定性。通过科学的规章制度，可以有效引导大学生的行为，促使其全面发展。这也有助于形成良好的校园文化和秩序，为大学生提供有序的学习和生活环境，使他们更好地适应社会和未来的发展。

（3）实施行政权限。实施行政权限是通过规章制度、执行措施和学生行为规范，采用行政方法进行学生管理。通过相关管理部门和工作人员与师生、员工的监督检查，确保学生的集体或个人活动符合管理目标的要求。对于遵守管理制度、行为规范的集体和个人，应予以表扬；而对于违反规章制度、行为不符合规范的集体和个人，必须实施明确的限制措施。这一制度旨在推动学生遵循秩序，确保学校内部的有序运作，并通过行政手段激励积极表现，惩戒违规行为，维护校园安全和正常秩序。

（4）适当运用经济手段。在学生管理中，适当运用经济手段是对行政方法的一种有益补充。经济手段指的是通过给予学生物质奖励或惩罚来影响其行为。这并非是因为行政方法不足以保证管理实施，而是因为经济手段直接涉及学生的物质利益，其作用是行政方法难以替代的。然而，在运用经济手段时需注意平衡，不仅要关注奖惩，还要注重日常教育和引导，不可忽视行政管理的作用。同时，不能片面强调奖励优秀学生而忽视处罚违纪学生，或者只重视处罚而忽视奖励，应确保经济手段在教育管理中的全面发挥。

三、高校教育管理的重点

（一）教学管理的特点

教学管理在高校各项管理工作中的重要地位及教学活动的特殊性，决定了教学管理具有能动性、动态性、协调性、教育性和服务性等特点。

1. 教学管理的能动性

教学管理的能动性强调人的主观能动性，其对象主要包括教师和学生。教学管理的成效在于是否能够有效调动教师的"教"和学生的"学"的积极性，这成为评估管理工作的主要标准。在教学管理中，教师和学生身兼双重身份。教师作为学生学习活动的组织者和指导者，属于管理者，发挥管理者职能；而在高校教育教学活动的执行阶段，教师则成为管理对象，履行相应的职能。同样，学生既是学校和教师的管理对象，同时又是自身学习活动的自我管理者。

在这双重关系中，教师和学生都具有主观能动性，相互影响、相互促进。教师的管理能动性体现在组织、指导和引导学生学习的过程中，通过激发学生的兴趣、潜能，提高其学习动力。学生在自我管理中要树立明确的学习目标，积极参与学习活动，发挥个体的创造性和主动性。教师与学生之间的互动关系是教学管理的核心，通过相互合作与协调，共同促进教育教学事业的顺利进行。在这个过程中，教学管理旨在通过调动主观能动性，创造积极向上的教学氛围，实现教育目标的全面达成。

2. 教学管理的动态性

教学管理的各个环节都置身于不断发展的环境中。培养方案的制定需随着社会经济的发展更新，不断完善以满足时代需求；教学运行的管理要随着学校教学条件的变化灵活调整，确保教学顺畅进行；教学质量的评价体系需根据建设内容的变化不断更新。通过不断总结和提高，教学管理水平和质量得以螺旋式向上发展，以适应不断变化的教育环境，确保高效、现代化的教育体系的建设。

3. 教学管理的协同性

教学管理是学校对教学工作各方面实施的综合管理，通过有序的调节和控制，以既定的目标和原则为依据。每个环节都直接关系到教学质量，其内容涉及培养方案、教学计划的制订、教学任务的安排、教学跟踪监测、信息收集、统计分析、质量评价等。教学管理的核心是围绕全面提高教学质量展开工作，其中教学跟踪监测是评估教学方法、课堂吸引力、学生完成情况、考试成绩等方面的关键。反馈的信息和评价结果则促使对教学计划的不断更新和调整。为适应人才培养和素质提高的需求，高校需不断改革和完善教学管理体制，建立新型的教学管理制度。

4. 教学管理的教育性

教学管理人员通过合理制定管理制度，通过有效实施管理过程，以奖惩分明的原则引导学生。在这个过程中，倡导并帮助学生实行自我教育、自我管理、自我服务的"三自"管理模式，旨在培养学生自主学习和自我发展的能力。通过这种方式，教学管理旨在实现育人的最终目的，培养具备全面素质的学生，使其在未来社会中能够更加自主、自律地面对各种挑战。

5. 教学管理的服务性

高校的核心工作是育人，而教学管理的关键在于紧密围绕教师的"教"与学生的"学"展开服务。对教学管理人员而言，最根本的要求是增强服务意识。只有通过深刻理解并积极满足教师和学生的需求，才能更好地促进教学质量提升。服务意识的强化不仅使管理更贴近实际需求，也有助于建立融洽的教学关系，推动学校实现全面发展目标。

（二）教学管理队伍的结构

高等学校教育教学管理队伍的构成涵盖了分管教学副校长、教务处全体人员、学院主管教学副院长（副主任）、教学秘书和教务员等。教学管理人员的结构包括学历、职称、年龄、学院和性别等多方面指标。科级以上管理人员要求具备硕士及以上学历，博士学历比例适当；处级岗位和教学副院长（副主任）要求副教授以上职称，教授占比较大；年龄层次要合理分布，保持中老年专家和年轻骨干的平衡；学院结构上引入非本校人员，有助于融合不同管理思想；承担重要岗位的管理人员应具备基层教学管理工作经验。这样构建的教学管理队伍能够更全面、协调地推动高等学校的教育教学事业。

（三）教学管理的重点

1. 注重提高教学管理人员职业道德和业务能力

教学管理人员承上启下，负责传达上级部门的工作职责，同时组织、协调学校的教学管理工作，直接与教师、学生沟通。这工作要求具备职业道德和高度责任感，因为教学管理工作涵盖广泛，事无巨细，实际上关系深远。团结协作精神是必不可少的，因为高校教学管理层次丰富，既需独立性又要相互协作。具备良好的团队协作精神可全方位处理工作，创造良好的工作环境。强调业务素质的培养是关键，教学管理人员需熟练掌握高等教育专业知识，准确评估教学发展趋势，不断创新管理方法，适应现代化的管理要求。提高业务素质，开展教育科学研究与实验，是提升管理水平的有效途径。

2. 正确处理教学管理与教学质量的关系

教学管理是学校对教学工作各方面的有序调节和控制，以达到既定的目标和原则。其每个环节都密切关系着教学质量。从教学质量评价系统来看，涵盖培养方案、教学计划制订、教学任务安排、教学跟踪监测、信息收集、统计分析、质量评价等内容。教学管理通过不断更新和调整教学计划，根据反馈信息和评价结果，确保适应学科发展和社会需求。具体工作内容包括考察教学方法的先进性、课堂吸引力、学生作业和实验完成情况等。整体而言，教学管理的核心是全面提高教学质量，因此高校需改革和完善教学管理体制，创立适应人才培养和素质提高的新型教学管理制度。

3. 正确处理教学管理人员与教师教学任务的关系

教学管理人员和教师共同承担着教育的使命，形成一种紧密的合作关系。教学管理人员以有效整合利用教育资源为主，与教师的"教书育人"任务相辅相成。这种关系并非简单的管理者与被管理者、监督与被监督的关系，而是相互影响、相互作用的关系，密不可分。

教学管理人员作为衔接教师"教"和学生"学"两者关系的纽带，协调解决两者之间的矛盾，创造良好的教学环境，确保"教"与"学"有序进行。教学管理人员通过整理、分析教师教学质量信息，进行科学评定，检查、考核教师的学术水平、教学水平和敬业精神。这有助于教师不断提高教学水平，培养适应社会需求的高质量人才。

教学管理人员与教师共同参与学校的专业、课程、教材、实验室建设等工作。通过对教学的调查、研究、提出改革方案，促进教育体系的不断完善。教学管理人员为教师提供支持，创造优质的教学环境，使教师能够集中精力投入教学，共同推动学校教育事业的健康发展。这种密切的协作关系有助于实现教学目标，为培养具有高质量的综合素养的学生做出积极贡献。

4. 注重教学管理与教学研究的关系

教学管理是一个需要长期建设和积累的过程。高等学校完成日常的教学管理，保障正常运行，仅是第一层次的工作，标志着建立了良好的工作基础和教学环境。为提高人才培养质量和教学管理水平，必须深入进行教育教学研究。实践证明，注重教育教学研究的学校，其教学工作的指导思想明确，目标选择合适，能灵活应变，从国情和校情出发确立新思想、新思路、新措施、新制度。这种学校的教学和管理工作常处于高质量状态。注重教育教学研究是提高教学管理水平、质量和效益的关键所在。

第二节 高校教育管理的组织系统及队伍建设

教学管理是高校教育工作不可或缺的一部分，在培养高质量人才方面扮演着重要角色。前教育部部长周济在全国普通高校本科教学工作会议上明确指出，当前强化教学工作的主要任务和基本举措包括增加教学投入、强化教学管理以及深化教学改革。实现这一目标，既需要各高校结合自身实际不断健全和完善教学工作规章制度，也要采取有效措施确保这些规章制度得到切实执行。高校要实现先进有效的教学管理，离不开拥有高素质的教学管理人员队伍。唯有拥有强大的业务能力、创新意识以及实干精神的管理队伍，高校的教学管理水平才能稳步提升。这对于确保高等教育的质量和培养优秀人才具有重要意义。

一、教学管理的组织系统

教学管理的组织系统，又称为组织与方法体系，是由教学管理群体构成的能够自我调节、自我发展的社会系统。管理体制涉及组织机构设置、隶属关系和责权规划，决定教学管理组织功能的发挥。管理系统是结构性的关系组织，是一个随时代环境变化而自我调整的生态组织，也是一个角色关系网络系统。教学管理组织建设目标是建立科学完善的管理系统，形成全面的质量管理体系，为教学服务。系统包括纵向系列（学校、二级学院、系部、教研室）和横向系列（教务、科研、学生管理、人事、政工和后勤等）。建立高效能、创造性工作的教学管理组织系统需强化管理队伍建设，构建专兼结合、素质较高的教学管理干部队伍，确保机构有职责范围，人员有岗位责任。

二、教学管理队伍的结构

高等学校教育教学管理队伍由分管教学副校长、教务处全体人员、学院（系）主管教学副院长（副主任）、教学秘书（教学办全体人员）和教务员组成。教学管理人员的结构包括学历、职称、年龄、学缘和性别等指标。科级以上岗位要求硕士及以上学历，博士学历比例适当；处级及重要科级岗位需副教授以上职称，教授占比较大；老、中、青人员合理分布，注重经验和活力；多元学缘结构有利于管理思想交流。教学管理人员应具有基层教学管理经验。

三、教学管理人员具备的素质能力

现代教育对高校教学管理的要求更高，要求第一线的教学管理工作者具备多方面的综合能力和素质。要具备先进的教育理念和教学方法，能够灵活运用现代技术促进教学创新。需要拥有卓越的组织与协调能力，有效管理教学资源，提高教学效益。强调团队合作与领导力，推动教育团队共同发展。还要具备沟通技能，与学生、教师及家长保持良好沟通，促进信息传递与理解。这些要求使教学管理工作者在适应时代发展中发挥更为重要的角色。

（一）具备高尚的道德素质

良好的道德素质是成功搞好教学管理工作的基本条件。高校教学管理人员的道德素质直接关系到学校教书育人的成效。因为"学为人师，行为世范"，教学管理人员应以自身的思想、学识和言行，以及道德人格力量直接影响学生，实现管理与育人的有机结合。只有具备高尚的道德情操和行为榜样，教学管理人员才能更有效地塑造学生成长的道德风范，促使学生在学术、品德和社会责任方面全面发展。

（二）具备强烈的责任心

教学管理工作具有较强的连续性，同时也常面临新情况和新问题，任务繁重。在这样的背景下，教学管理人员必须展现强烈的责任心，以激发工作的主动性。特别是在每学期的期末考试中，涉及安排、组织、上报各种考试报表以及整理归档试卷和成绩单等多个环节，只有认真负责，才能确保工作的顺利进行。责任心是教学管理人员必备的品德，对于应对工作的复杂性、多样性以及不断出现的新情况至关重要。

（三）具备扎实的业务知识素质

教学管理人员需熟练掌握系统管理学知识，以适应教学体制改革，按照管理规律办事，科学运用管理方法，合理配置人力、物力和财力，提高管理效率。必须掌握相关学科知识，了解本院各专业的培养目标、课程体系及各教学环节内容，作为搞好教学管理工作的基础。再者，随着科技飞速发展，教学管理人员应学习并掌握办公自动化工具，如学籍管理系统、教务管理系统等，促进管理方法创新，确保教学管理工作规范、科学、现代。这些措施有助于提升教学管理水平，适应时代变革的需求。

（四）具备较强的工作能力素质

能力是确保教学管理活动顺利实现预期效果的基础和保障，对教学管理人员的能力培养至关重要。卓越的教学管理人员需具备组织管理和协调应变的能力，善于利用现代化设备获取和处理信息，同时具备较强的调查研究和团队协作能力。这些能力使其能够准确评估教学发展趋势，协调不同教学单位之间的关系，促进教学信息的良性流动。这些基本素质能力是教学管理人员成功应对复杂环境、推动教学不断提升的关键。

四、管理队伍建设的意义

加强教学管理队伍建设是学校提升竞争力的关键举措。随着社会的发展，高校间的竞争变得愈发激烈。如何吸引更多优秀学生？如何培养高素质学生？如何确保学生在就业市场占据有利位置？这些都是高校亟需解决的问题。教学管理的重要性体现在新生招募、过程培养、毕业就业等各个环节。强大的教学管理队伍，意味着先进的理念、健全的制度，以及严谨公正的教学环境，有助于学生全面发展。加强管理队伍建设将提升教学质量，保障学校竞争力。

加强教学管理队伍建设是提升学校教学水平的必由之路。《关于进一步加强高等学校本科教学工作若干意见》提出了16项具体要求，其中强调了加强教学管理队伍建设。教学管理人员在教学工作中发挥着关键作用，无论是教学管理、师资建设、教学改革还是教学效果，都与他们的工作密切相关。只有加强教学管理队伍建设，结合高素质教师队伍，才能提升教学水平，促进教学工作的不断进步。

加强教学管理队伍建设是提高人才培养质量的重要手段。人才培养是高校的根本任务，其质量直接关系到学校的发展。为了全面提高人才培养质量，必须强化教学管理，深化教学改革，积极推进教育创新。教学管理人员是改革的主要实施者，其水平直接影响学校教学改革的效果。加强教学管理队伍建设，是提高人才培养质量的重要举措，有助于推动学校教学工作向更高水平迈进。

第五节　高校大数据教育管理一般性分析

高校大数据教育管理是教育现代化的必然需求，具有科学性、及时性、互动性、差异性及权变性等特点，为传统高校教育管理所不具备的优势。在实践中，相关关系和因果关系仍然是高校事物之间最主要的两种关系,二者并非相互排斥。相反,快速清晰的相关关系分析为寻找因果关系提供了指导和帮助。尽管高校大数据教育管理与商业领域的大数据运用存在区别,商业更注重相关关系而高校大数据以相关关系为切入点,最终目的是寻找到特殊的相关关系——因果关系。这使得高校能够更全面、科学地理解教育管理中的复杂问题,从而更有针对性地制定改进措施。

一、高校教育管理大数据的类型

大数据技术是高校教育管理从传统的科学管理向文化管理演进的重要推动力。随着高校大数据平台的搭建和教育信息技术在校园的广泛应用,高校教育管理大数据呈现出多样化、复杂化和动态化的趋势。在不同的角度划分下,高校教育管理大数据可分为各种不同类型,为教育决策提供了更为准确、全面的信息支持,推动高校管理更加精细化、智能化的发展。这种大数据技术的运用,对于高校的教育管理体系的优化和提升具有深远的影响。

(一) 按性质划分

我国高校教育管理大数据可根据性质划分为结构化数据、半结构化数据和非结构化数据。结构化数据以工整的形式呈现,适合用二维表进行逻辑表达,属于关系型数据。非结构化数据包括各种格式的文档、图片、智能硬件数据、XML、HTML、报表、GPS 数据、图像和音频/视频等,不适合用二维表存储。半结构化数据介于两者之间,如 HTML 文档,以树、图来表达。目前,我国高校大数据以非结构化数据为主,占 80%,预测未来将增至 95%。这反映了高校管理中数据的多样性和复杂性,需要综合利用各类数据来推动教育管理的科学化和精细化。

(二) 按来源划分

我国高校教育管理大数据可从数据来源角度划分为两大类,来自教育系统内部的数据,包括高校教学、科研、人事、学工、党团、后勤、图书等部门产生的与教育教学相关的大数据。这是教育管理大数据的主要来源。根据数据产生部门,可分为教学类数据、管理类数据、科研类数据以及服务类数据。另一方面,还有来自外部数据源,尤其是互联网和社交媒体所产生的数据。随着社交媒体的发展和大学生网络化趋势,

24小时挂网活动增加，相关大数据也在不断积累。这些多元数据为高校教育管理提供了更全面的信息支持。

（三）按主体划分

我国高校教育管理大数据根据采集业务可划分为四类，学生教育管理类大数据，涵盖学生的学习、生活和社交数据，包括基本信息、考勤、作业、成绩、评奖评优、活动表现以及网络轨迹等；教师教育管理类大数据，包括教师基本信息、备课教案、课堂教学、作业批改、科研数据、评奖评优、培训参与等；综合教育管理类大数据，包括学校基本信息、评比数据、奖励等；第三方应用类大数据，包括金融缴费、教学资源、生活服务、云课堂、微课和MOOC资源等。这四类大数据综合应用，为高校提供全面的信息支持和决策参考。

（四）按数据结构划分

高校教育管理大数据结构分为四层，基础层（教育基础数据）、状态层（教育装备、环境与业务的运行状态数据）、资源层（各种形态的教学资源）和行为层（教育用户的行为数据）。基础层包括人事系统、学籍系统、资产系统等，服务于高校管理者宏观决策；状态层数据通过传感器获取，用于掌握教学业务运行状况；资源层以非结构化数据为主，包括网络教学资源和动态生成的学习材料；行为层数据包括教师和学生行为，以教师行为为主，服务于个性化学习、学习路径推送、行为预测和发展性评价。这层次结构帮助高校更全面、科学地管理教育过程。

二、高校大数据教育管理的特点

传统高校教育管理存在人文不足、形式单一、反馈不足等弊端，与现代教育管理的发展需求相悖。高校大数据教育管理能够成功破解这些问题，充分发挥其及时性、互动性、差异性、科学性、权变性等特点和优势。通过大数据，教育管理可以更全面、准确地把握学生和教师的需求，实现个性化的教育服务和管理。这样的数据管理不仅提升了教育管理的科学性，更为教育体系的现代化发展注入了新的活力。

（一）高校大数据教育管理的科学性

传统高校教育管理决策模式包括官僚主义模式、学院型模式、政治型模式和有组织的无政府型模式，其共同弱点在于决策者的有限理性和缺乏科学性。大数据技术的应用克服了传统小数据的限制，通过全面考量，提高了教育管理的科学性。马克·吐温曾言，历史有其韵律，而大数据揭示了人类行为规律，实现了对人类行为的预测。高校教育管理通过大数据分析教师的科研、教学、评奖评优等多维数据，建立模型，发现规律，为科学决策提供依据，优化科研政策、教学管理制度。同时，大数据对学生学习、需求、舆情监控等提供重要支持，通过数据关联分析，揭示学生多方面关联与规律，增强教育管理科学性，事半功倍。大数据在高校教育管理中的应用为科学决策提供新的途径，有望推动高校管理向更科学、精细的方向发展。

（二）高校大数据教育管理的及时性

莎士比亚的名言"一切过去，皆为序曲"在大数据时代以运算的形式得到新的诠释。在教育领域，实现"智慧校园"离不开教育管理的信息化，而大数据技术则成为高校教育管理智慧化的关键。大数据的即时性和预警性使其成为抓住关键时期开展工作的技术保障。在网络深度覆盖的校园中，师生活动处处都产生数据，信息海量而丰富。通过大数据技术，可以检测异常信息并设立容忍度和临界点，实现及时的报警系统，起到防患于未然的作用。通过大数据分析，高校可以了解学生的交际、学业、就业、感情和经济等问题，从而实现因势利导、超前谋划，预防和处理危机事件，减少潜在损害。以南京某高校为例，建立基于大数据平台的师生行为预警机制，可以早发现、早处理师德违规行为，满足学校社区的相关诉求，甚至避免类似硕士生自杀悲剧的发生。这突显了基于大数据的预警机制在高校管理中的重要性。

（三）高校大数据教育管理的差异性

高校大数据教育管理的及时性和科学性在宏观层面上发挥重要作用，而个性化管理则从微观层面出发。个性化管理一直是教育的理念，考虑到高校管理对象的差异性，尤其是学生的个性特点、兴趣爱好、能力差异和家庭背景等。马克思指出，对象的意义受到感知的限制，理性与道德需在自我确认中成为"为我"的存在，促进人的全面发展。

在大数据时代,高校教育管理者可以更好地尊重并了解学生的个性,为其量身定制培养方案和课程清单。大数据教育教学资源为学生提供高质量的个性化学习体验,突破时空限制。管理者在小数据时代可能难以做到精准察微知著,但大数据时代使这一切更为容易。个性学习不仅显微观个体,还能预测学生群体活动的轨迹,为教师提供改进教学的有效反馈。大数据技术成为高校精准教育帮扶的重要保障,为实现个性化教育、提高学生全面发展水平提供了新的可能性。尊重学生的个性,借助大数据,高校教育管理进入了更为精细、科学的时代。

(四) 高校大数据教育管理的互动性

基于大数据的高校教育管理实现了教育过程的互动效应,克服了传统单向教育管理的局限。互动效应是指通过相互作用而彼此影响,形成增力的现象。在大数据教学平台上,教师和学生可以即时互动,实现答疑解惑、传道授业。教师能够监控学生的学习进度,做出及时处理,形成实效的教学管理。这种互动氛围中,信任、支持、勤奋等情感信息释放,产生积极的互动效应。在思想政治教育中,鼓励学生积极参与,发挥主人翁精神,为问题解决和正能量传播贡献计策。学生在社交平台上解决就业、心理、学习等问题,发挥朋辈效应,实现自我教育和自我发展,达到教育的"润物无声"的目标。这种基于大数据的教育管理模式为高校教学带来全新的活力和效益。

(五) 高校大数据教育管理的整合性

高校大数据的整合涵盖了高校内外资源的整合,通过这种整合才能最大程度地发挥资源的利用价值。在高校内部,通过建设大数据平台,实现了不同部门、单位之间的数据资源整合,打破了数据分割,促进了数据共享和公开。这初级层次的整合为学校提供了更全面的信息基础,推动了教育管理的现代化。而在高校之间及区域之间的大数据平台建设,则是整合资源的高级层次。这对于促进整个地区ja及国家的教育发展和资源节约具有战略重要性。在发达国家,例如美国,已经通过慕课平台的建设实现了高校之间的资源整合,提高了学校的全球知名度。美国科罗拉多州更通过全州纵向数据系统,将学生数据与福利、收入、劳动力等数据整合,进行跨学区、跨学段的学业成绩和就业关联分析,为教育政策提供了有力支持。

在我国，一些顶尖高校如清华大学、北京大学等也建立了面向社会开放的大规模课程平台，推动了优质教育资源的共享。通过借鉴国际经验，我国高校在大数据资源整合方面也取得了一定的成绩，例如"中国大学慕课"项目正不断扩大受益面，为我国高校的现代化管理提供了宝贵经验。这些实践不仅提高了高校的教育水平，也推动了整个教育体系的发展。

（六）高校大数据教育管理的权变性

权变管理的核心思想是"没有绝对最好的东西，一切随条件而定"，要"以变制变"。在学生教育教学管理中，没有一劳永逸的方法，需要根据外部环境和内部要素的变化采取不同的策略。学生的学习数据、教师的教学数据、管理人员的行为数据都是动态的，形成信息流，变是高校教育管理永恒的主题。管理人员需要及时了解变化情况，研究变化的趋势和规律，采取科学、适宜的方式来应对。大数据技术为高校教育管理者提供了及时获取各种信息的技术保障，其海量、快速、动态和便捷性有利于权变性的实现。

第二章　高校课程管理

第一节　现代化背景下高校课程的确立研究

一、现代化背景下高校课程体系的确立

（一）高校课程体系及其确立的价值取向

1. 高校课程体系的含义

高校课程体系是在特定的教育价值理念指导下，按照一定的构想将各个课程要素组合而成的有机整体，以确保这些要素在动态过程中有机地服务于人才培养目标的系统。作为高校人才培养的主要工具，课程体系承载着教育理念和观念的具体实践，是理论与实践之间的纽带。尽管高校人才培养目标提出了对受教育者知识、能力和素质方面的理想期望，但课程体系在很大程度上决定了受教育者所能展现的知识、能力和素质结构，从而决定了教育理念是否能够在实际教育中得以体现。

高校课程体系被组织化成一个有自身内在逻辑关系的整体系统，分为宏观、中观和微观三个层次。宏观课程体系是根据高校设定的培养目标而设计的整体课程架构；中观课程体系则是指一个院系的课程安排；微观课程体系则关注于一个专业或一门课程的具体结构。当前，一些关于课程体系改革的报道往往局限于特定专业或课程体系的微观改革。虽然这些改革是必要的，但它们仅仅是对局部进行的微观调整，与全面构建课程体系和知识体系是不同的。课程体系与一门课程的关系犹如整体与局部的关系。若仅侧重于一门课程或专业的改革，将是舍本逐末，无法从整体上规划大学生的

培养规格。

2. 高校课程体系确立的价值取向

现代理想的高校课程体系应能巧妙整合社会需求的外在价值、学科知识的认知实践价值与学生发展的本体价值，构建有机统一的框架。这种融合使得高校课程更合理、有效、规范，最终促进学生知识、能力和素质的全面发展。这样的体系不仅关注学科深度，还注重培养学生的创新思维、实践能力，使其在社会中更具竞争力，为社会发展和个体成长共创价值。

（1）体现"学生主体发展"的需要。

高校课程的设计应体现学生主体发展的需要。课程应以学生的全面发展为最终价值取向，将学生置于课程主体地位，将课程视为促进其知识和理智发展的手段。大学不仅是知识的传授，更是自我陶冶的学府。高校课程不应简单地灌输填充材料，而应以学生主体观为核心，构建课程体系。学生具有主动性、能动性和创造性，课程的本质经验性突出了学生的课程参与，使其成为课程的主人和占有者。高校课程体系则是人才培养的总体蓝图，为大学生提供学会生存与发展的知识、技能和素质，引导个体发展的适应指向。

（2）体现社会发展的要求。

高校课程体系的发展与进步受到社会政治、经济、科技和文化等多方面因素的不断影响。这使得高校课程需要保持开放性，以适应社会的发展和需求，从而培养符合社会需要的人才。在确定高校课程时，需要考虑三个主要方面的因素：一是社会发展对人力资源的文化专业素质要求；二是特殊职业发展对专业人员的要求；三是学生步入社会后对终身学习和创新素质的要求。

高校课程体系并非可以频繁直接变化，因此制定课程的人需要持开放态度，主动吸收社会各方面因素，使其有机地融入课程内容。这包括全面分析社会因素对课程目标的影响，如人口发展、环境保护、资源利用等，与社会经济和文化建设密切联系。通过不断调整和筛选新知识，从现代信息社会和经济全球化的需求出发，确保课程体系培养出具有主动社会适应性的人才。通过课程设置，甚至可以影响社会的发展。

（3）体现科学知识内在逻辑规律和发展趋势。

高校课程的构建是基于知识作为基本材料的，这些知识是从人类总体知识体系中根据一定标准精选而来的。随着科学研究和技术的不断发展，学科之间的联系逐渐从单一向多方面发展，形成了一个相互渗透、纵横交叉、多层次、综合性的学科体系。

面对学科知识发展的这一趋势，高校在确立课程时需要关注几个关键问题。应根据科学知识的基本逻辑范畴，选择那些有效、不可替代、稳定而不容易过时的知识来构建课程体系。需要依据科学知识的逻辑体系来组织课程内容，考虑到学科知识的特定结构和方式，使学生能够通过这些方式扩大知识范畴，并同时顾及学生的身心发展水平，进行有步骤的教学。要准确把握各门学科知识发展的前沿信息，及时将最新的科学知识纳入课程内容中。尽管课程体系具有一定的历史继承性和稳定性，但随着现代科学的不断进步和知识的创新，各种学科资源的丰富，知识内涵、功能以及获取方式等方面都发生了重大变化。

（二）高校课程体系的基本形式及分析

系统论的观点强调系统的结构对于系统功能的存在至关重要，没有特定的结构，系统就无法呈现特定的功能。这观点同样适用于课程体系，将其视为一个系统，其结构由各种课程要素按照一定的关系或序列形成。不同的结构形式导致了课程体系具有不同的性质、功能和效果。主体结构框架是由通识教育课程、专业教育课程、理论课程、实践课程、必修课程和选修课程等要素组成的，它们的比例关系和序列形式构成了高校课程体系的核心结构。

由于各高校的环境、传统、特色以及课程价值取向的不同，课程设计者们在协调课程体系各要素关系时采取了不同的方式，因此形成了各种形式的课程结构。基于这种差异，可以将课程体系划分为四种基本类型。这种分类基于通识与专业、理论与实践、必修与选修等要素之间的比例关系及其序列形式。这种系统性的观点有助于理解不同高校之间课程体系的差异，并为进一步的课程体系改革提供了有益的参考。

1. 层次结构课程体系

苏联高校课程体系的基本形式是层次结构，我国高校在20世纪50年代初至80年代中期也采用了这种形式。它以培养专业人才为目标，主要由基础课、专业基础课和专业课构成，形成了三层楼或金字塔式的结构。这种体系强调科学性、逻辑性，符合学科规律和循序渐进的教学原则。学生在此体系下很少有课程选择的自由，几乎所有课程都是必修的。虽然这种体系在纵向逻辑关系上有优势，但也存在过分追求完整性和稳定性的缺点，导致课程过于精细。

2. 模块结构课程体系

（1）模块结构课程体系的含义和特点。

1）模块结构课程体系的含义。

模块结构课程体系是以程序模块化构想和编制原则为基础设计的高校课程框架。它由若干独立完整的模块组成，每个模块具有明确的课程目标和内容，作为独立的课程实施和评价单位。这种体系通过横向联系将各模块相互关联，形成更大目标的完整课程体系。每个模块内包含必修和选修课，学生首先选择模块，然后在该模块的选修课系列中灵活选择适合个人需求的课程，实现个性化学习和全面发展。

2）模块结构课程体系的特点。

模块结构课程体系具备高度适应性、开放性和实用性。通过由多个模块组成，每个模块内的课程内容和比例能够灵活地应对社会需求的变化，实现有针对性的调整和更新。由于模块短小、学时数少、目标明确，操作层面上容易实现课程目标，有助于学生选择符合兴趣和需求的学习内容，培养学生的热情、信心，提升积极性，同时也能显著提高学习效果。

（2）多种形式的模块结构课程体系举例。

1）哈佛大学以"核心课程"为主的三板块课程体系。

1978年，美国哈佛大学启用以"核心课程"为主的板块课程体系。该理论由哈佛大学校长德雷克·博克（Derek Bok）和文理学院院长亨利·罗索夫斯基（Henry Rosovsky）提出，以培养学生的智能和思维方式为核心目标，通过重新构建课程体系来实现。哈佛的课程体系分为三个板块：核心课程、主修课程和自由选修课程。核心课程包括七大类十一个领域，涵盖外国文化、历史研究、文学和艺术、道德辨析、自然科学、量化推理和社会分析。每位本科生需在八个距离主修专业最远的领域选修一门课程，而免修距离专业最近的三个领域的课程。

哈佛大学的学分规定为一学年分两个学期，每门整课程为3学分，每门半课程为1.5学分。一学年学习八个半课程，即周学时12课时。哈佛大学课程体系的特点有两方面：强调学生的全面发展和现代人基本素质与能力，注重整体知识观；注重知识的有效性处理，追求有用性和价值。这一体系展现了较好的弹性和灵活性，保证了本科教育的全面性和每个学生在各领域中的自由选课。这种课程理念在美国大学中得到广泛应用。

2）复旦大学的"三模块结构课程体系"。

2004年，复旦大学设立本科学院复旦学院，以"大学本科教育是通识教育基础上的宽口径专业教育"为指导思想，进行了课程体系改革。新的课程体系包括综合教育课程、文理基础教育课程等板块，旨在实现跨学科教学，提供更开放、适合低年级学生选修的课程，并培养综合的训练要素和引导学生进行研究。

综合教育课程分为人文学科与艺术、社会科学与行为科学、自然科学与数学、专项教育四大组，为新生提供多领域的教育选择。每组包含多学科课程，新生通过选修其中一门课程即可获得有价值的教育和启发，同时明确修读目标。该课程体系的建设目标包括实施跨学科教学、开放性、适合低年级学生选修、综合训练要素、增进师生交流以及引导低年级学生进行研究。

文理基础教育课程位于综合教育与专业教育之间，要求学生在进入专业课程学习前接受严格的学科基础训练。这些课程要求经典、公认的必要性，每门课程应构建完整规范的知识体系，具备相对独立和稳定的标准，包括内容深度、能力训练和学分设置。

3）"四板块"的课程体系。

这一课程体系是由我国著名高等教育专家、前武汉大学校长刘道玉提出的，被称为"四板块"体系。它包含了科学方法论、人文科学基础（分为A、B两类课型，适用于文科和理科学生）、自然科学基础（分为A、B两类课型，适用于理科和文科学生）以及主修专业课（由各专业教师设计必修科目）四个板块。在这个体系中，方法论课程占据主导地位，因为方法论被认为是知识整合的产物，既是从各门学科中抽象出来的，同时又能够指导各门学科的研究和发展。

方法论课程板块包括普通方法论，如《唯物辩证法》、《辩证逻辑方法》、《自然辩证法》、《科学方法论》、《学习方法概论》、《思维科学》、《创造思维方法》、《创造技法》、《科学发明简史》、《东西方思维模式比较》和《大脑与学习的革命》等。还包括各门学科中具体的研究方法，如数理逻辑方法、数学猜想方法与求证法、物理模型法、化学中的哲学问题、仿生思维方法类比法、直觉与演绎法、逆向思维方法、观察描述法等。整个课程体系允许各校在具体的科目设置上有一定的灵活性和特色，以满足不同学校的需求。

3. 平台模块课程体系

平台+模块课程体系中，学生的必修课程由公共基础平台、学科基础平台、专业基础平台三个层次组成，形成相互联系、逐层递进的结构。选修课程则包括多个相互独立、但知识完整的专业方向模块和选修课程模块。平台根据学生的共性发展和学科特点设置，由学科和专业共同的知识组成，体现了基础和共性教育，反映了人才培养的基本规格。该体系具有整体性，确保了平台和模块之间的内在联系，同时满足了不同学生多样化的培养需求。平台课程是全校或同一学科各专业学生的必修课程，体现了人才培养的共性要求，符合现代高等教育的"宽口径""厚基础"特点。学科基础平台中跨学科课程的设置打破了学科专业的壁垒，促进了"宽口径"培养的实现。

4. "二·二分段制"

1956年，日本政府颁布了《大学设置基准》，规定高校本科采用"二·二分段制"。该基准规定了大学课程的四大类，包括专业教育课程、普通教育课程、外语课程和保健体育课程。新生入学后，先接受两年的普通教育课程、外语课程和保健体育课程，完成规定的36学分后，再进入各自的学部（系科）学习两年的专业课程，完成四年的本科教育。这种课程模式被称为"二·二分段制"，要求本科毕业至少修满124学分，其中包括普通教育课程36学分、外语课程8学分、保健体育课程4学分、专业课程76学分。尽管日本大学重视普通教育课程的教学，强调其在培养学生理解力、思考力、分析力和表达力等方面的重要作用，但由于普通教育课程与专业课程分隔开，导致二者脱节，不利于学生对科学知识整体的了解和学习。同时，部分普通课程与高中学习内容重复，影响了学生学习的积极性。

（三）高校课程体系确立的主要内容

课程体系的优化实质上是对结构进行目的性改造。高校课程由通识教育、专业教育、必修、选修、理论与实践等四对要素关系构成。这结构框架的协调，即比例关系的优化，成为高校课程确立的核心问题。合理平衡通识与专业、理论与实践、必修与选修、课堂与课外活动等关系，是确保高校课程体系更加贴近社会需求的关键。这种协调将直接影响学生的全面发展和实际应用能力的培养。

1. 通识教育课程与专业教育课程的关系

专业教育是高校为培养学生在特定领域从事相关工作所需的知识和技能而设计的

教育，其特点是知识边界清晰，专业范围明确。通识教育则是大学生应普遍接受的非专业性教育，旨在培养全面发展、有社会责任感的个体。通识教育课程跨足多学科，涉及广泛的知识范围，强调培养学生的社会责任感、批判思维和高瞻远瞩的视野。在构建合理的高校课程体系时，专业教育课程与通识教育课程的比例是关键因素。不同类型的高校可以根据自身需求和公认标准来设定这两者的比例。常见的协调方式有三种：以通识教育为主，辅以专业教育；以专业教育为主，兼顾通识教育；两者并重，比例相对均衡。

通过这样的设置，高校既能够确保学生在特定领域获得深入专业知识，又能培养具有广泛适应性、社会责任感和批判性思维的全面发展人才。这种平衡的课程体系有助于满足现代社会对多方面素质要求的需要。

2. 必修课程和选修课程的关系

高校课程的实践证明，必须实现多样化，其中选修课提供了学生多种选择的机会。必修课是每个学生都必须修习的，旨在确保培养人才具备基本知识与技能的基本规格和基本质量要求。这包括公共课、基础课以及专业课内容。选修课则是学习某一专业的学生可以选择性地学习的课程，目的在于满足学生兴趣爱好和个性发展的需求，同时拓宽或加深知识面，挖掘学生的潜能。根据选修范围，选修课可划分为公共选修课、大类选修课、专业选修课；按选修自由程度可分为指定选修课和任意选修课。指定选修课要求学生在某一学科门类或一组课程中进行选择。高校课程体系中必修课与选修课应该有机结合，以实现人才培养的统一性和学生个性发展两个目标的有效实现。

3. 理论课程和实践课程的关系

理论课程的主要目的是培养学生基础知识和方法论知识，通常通过课堂教学传授书本知识。与之相对，实践课程则注重培养学生解决问题的实际操作技能，主要通过实验课、见习、实习和社会实践等学生自主操作来完成。实践课程被视为培养学生创新精神和创新能力的关键手段，它通过加深、提高和综合运用理论教学，成为提升学生综合素质的关键环节。理论课程以间接经验为核心，而实践课程以直接经验为核心，这两者在高等教育中既不能相互替代，也不能忽视。

全球范围内高等教育对培养具有较强实践能力的创新人才有着共同的要求。在设计高校课程体系时，需要增加实践课程的课时比例，完善独立的实践课程体系，提高实践课程的实施效果。在规划课程时，要鼓励学生深入社会和生产部门，积累丰富的社会经验，并将实际知识应用于学习。同时，开设专门研究项目的课程，让学生在教师的指导下进行研究活动，通过自主的科研活动加深理论与实践的结合。这一理念强调理论与实践的有机结合，认为学生获得知识需要同时具备间接经验和直接经验，而培养实践能力的创新人才是全球高等教育的普遍需求。

4. 课堂教学与课外活动的关系

课堂教学是将年龄和知识程度相近的学生编成班级，按学科教学大纲组织教材和选择教学方法，在固定时间表内向全班学生进行授课。课外活动则是在课堂教学之外，由学校组织，根据学生需要和教育教学需求，在教师指导下由学生自主完成的一种活动。它具有独立于课堂教学的教育价值，强调学生的自主性、灵活性和实践性。

在课程的时空角度看，课堂教学和课外活动并列互补，相互作用，构成现代高等教育的整体结构。两者共同对完成高等教育任务、实现高等教育目标起着同等重要的作用，对解决大学生全面发展、因材施教、一般发展与特殊发展、间接经验与直接经验等矛盾具有重要意义。然而，长期以来我国高校对课外活动的独立价值存在怀疑，往往偏重课堂教学，轻视课外活动，导致课外活动在学校体系中的地位边缘化。在时间和空间安排上存在不固定、临时性的问题。

在确立高校课程体系时，应采用大课程观，协调和整合各种课程资源，开设多层次、形式多样的课外活动，将各类活动纳入课程体系中实施管理，并与学分挂钩。高校管理者应根据具体情况妥善处理通识教育与专业教育、必修课程与选修课程、理论课程与实践课程、课堂教学与课外活动的关系，追求最大限度的综合与统一，确保学生在宽专业、厚基础、重实践、强个性的课程体系中全面发展。

二、现代化背景下高校专业与课程关系模式的确立

（一）课程组合专业模式

1. 课程组合专业模式的内容

课程组合专业模式是一种在课程与专业关系上先有课程、后有专业的模式。在这种模式下，课程相对固定且更为重要，而专业则是可变的。知识是课程的核心内容，

是学科研究的成果，反映学科的发展。课程的变化主要与学科发展相关，而与专业划分的关系不太明显。学科知识的相对稳定性导致课程相对稳定，而专业则是大学根据社会职业分工的需要设立的学科类别。由于社会科技的迅速发展，传统社会职业发生变化，随着高科技的不断进步，新的职业不断涌现，满足社会和企业的职业需求。大学专业的设立根据社会职业分工的需求不可避免地变化较大，远远超过了课程的变化。

2. 课程组合专业模式下的专业类型

课程组合专业模式下的专业有三种类型。

（1）公认专业是指大学通过了各方认证且经过长期实践过的一系列传统学科专业，一般来讲，有着比较明确的学科领域属性和课程体系，具有较强的稳定性。

（2）跨学科专业。跨学科专业，或称联合专业，是由两种或更多学科课程群组合而成的专业。在美国大学中，跨学科专业较为普遍，占所有专业数的 1/3 以上。其目的是通过有机组合不同学科的课程，构建新的学科专业体系，培养适应性强的综合性创新型人才，以满足现代科学和社会发展的需求。跨学科专业的设立反映了当今大学专业教育的发展趋势。

（3）个人专业。个人专业是大学为那些在现有学科专业无法满足特殊学习兴趣和目标的学生设立的一种新的特殊专业。在美国，个人专业的设置需要经过严格的程序，涉及多个机构和人员。学生在第二学年结束前才确定专业，要仔细考察所有已设置的专业，包括已批准的个人专业，选择最符合兴趣的专业。如果现有专业无法满足学术兴趣和要求，学校建议学生咨询教师或专业顾问，根据自己的学术兴趣和意愿，在全部本科课程中选择并组合一份个人专业课程计划，自设专业名称。

3. 课程组合专业模式下的课程计划及实施方式

（1）个性化的课程计划。个性化的课程计划体现在课程组合专业模式下，这种专业模式本质上就是一种课程组合。在这种模式下，学生拥有较大的选课权，因为他们的兴趣和要求各不相同。即使是同一主修专业的学生，由于选课的不同，形成了完全不同的课表，呈现出独特的"一人一表"的情况。由于课程组合专业模式中，学生自主确立课程是形成课程计划的过程，该模式下的课程计划具有明显的个性化特征。

各学院公布了已开设的个性化专业的课程目录以及相关的学习规定，其中包括了专业主干课程选择范围、课程名称、内容、教师、时间、考试方式、学分要求等方面的信息。在第一学年,新生在教师的指导下,选择基础课程和专业的先修课程。到第四学期末,学生在初步了解有关专业课程的基础上,进一步确定了个性化的专业课程计划。整个学生课程计划的形成过程是一个逐步熟悉和研究相关专业与课程的过程。

(2) 实行学分制的课程实施管理制度。学分制是课程组合专业模式下的课程实施管理制度,将选课制或选修制作为基础,以学分为计算学生学习量的单位,并与弹性学制相配套。在美国大学中,选课制与弹性学制结合是学分制的基本特征。弹性学制主要表现在学生的专业选择和转换上,学生有较大的自由权,可以在入学时延迟专业选择,甚至在专业学习后申请转换专业或转校,将所修学分被认可。弹性学制还在学习年限上体现,许多美国大学没有规定固定的学习年限,学生只需修满学分即可毕业。整体而言,学分制与弹性学制的结合为学生提供了更灵活、个性化的学习体验。

(二) 专业规定课程模式

1. 专业规定课程模式的内容

专业规定课程模式是由国家教育行政部门先依据学科发展和社会职业需求设立相关专业目录、招生人数、专业培养目标和课程方案,大学随后组织实施相应课程,教师和学生围绕该专业展开教学工作。这一模式又被称为苏联模式,在苏联大学得到广泛应用。在这种模式下,专业与课程的关系呈现专业在前、课程在后的结构,高校设置的专业直接反映了国民经济对高级专业人才的需求。专业的确定从划分职业活动领域开始,通过对职业活动领域的分析来设置专业和明确各专业之间的界限。根据职业活动领域的任务、变化和发展前景,确定专业应具备的知识、素养和能力,并以此为基础制定课程结构,包括基础课、专业基础课、专业课等。在这个过程中,职业为基础,形成了职业→专业→课程的程序。相较于课程组合专业模式,专业规定课程模式中专业是上位概念,是中心,课程则由专业确定和演绎,为专业服务。

2. 专业规定课程模式下的专业

(1) 在专业规定课程模式下,专业具有实体性,源于"学术与行政一体"的系级组织结构和教研室实体。系作为大学二级机构,统筹了从招生录取到学位授予的全过程。专业在系的组织下设立教研室,成为一个相对封闭的教育系统,限制学生在固定专业学习。这导致专业资源的封闭垄断,阻碍了教师与学生跨学科、跨专业的合作,影响了人才培养和科研的效率与质量。合并或调整专业面临利益冲突，使变革变得困难。

（2）专业规定课程模式下的课程计划及实施方式。

1）课程计划的统一性和指令性。

在专业规定课程模式下，课程计划具有强烈的统一性和指令性，由国家和高校联合制订。国家设定详尽的课程计划和管理政策，高校必须按照这些要求组织教学工作。这形成了一个封闭、具体、刚性的系统，确保了同一专业在全国范围内学生所修课程基本一致。

然而，专业规定课程模式的主要特点是刚性过强。课程方案内容繁多，学生自学时间有限，选择专业和课程的灵活性较小。应对市场和科技发展变化的能力不足，调整和变动的机制较为缓慢。课程广泛性不足，难以建立学科专业之间的联系，无法满足社会多样化的需求。教师在个人专业领域内的活动空间受限，难以开展跨学科的教学和学术活动。

2）实行学年制的课程实施管理制度。

学年制是我国高校课程实施的基本管理制度，自20世纪50年代至80年代一直贯彻。学校根据规定的学科专业，制定统一的课程计划和修业年限，通过统一的考试标准评判学生是否毕业。这制度下，学生同属一个班级，没有选择权，统一学习课程内容。

从20世纪90年代起，我国高校逐步转向学分制，实质上仍为学年制。学分制按学时计算学分，将课程划分为必修、限选、任选、实践等，规定学生修满学分方可毕业。学籍管理仍以学年或学期为结算时段。在学分学年制下，学生转专业难度较大，因为院系之间存在多方面利益关系。随着21世纪的到来，我国高校不仅推动全面学分制建设，还开始实行学分互认。通过这些制度创新，我国有望在2035年实现高等教育现代化目标。

（三）我国高校课程与专业关系模式改革的建议

高校课程与专业的关系模式与培养人才的课程体系紧密相连，是人才培养的重要标志。学生作为未来社会的主体，对高校改革产生着重要的影响。这在高校课程与专业设置上表现为要最大程度地满足学生需求，赋予学生广泛的选择权，既满足学生的需求，又促使他们学会自主学习，更好地发挥高等教育培养人才的功能。

随着我国市场经济体制的逐步建立和高等教育大众化的完成，原有的以经济为主导的专业规定课程模式显现出越来越明显的问题，甚至成为我国高等教育改革的障碍。近年来，国家教育主管部门和高等学校纷纷对这一模式进行了一系列改革，取得了一些成效。

然而，这些改革仅仅是在该模式的制度体系内进行的，而非实质性的改革。未来，我国高校的总体改革趋势应该朝着从专业与课程关系模式过渡到课程组合专业模式，即实行"课程组合专业模式"。具体的建议包括：

1. 改革现有专业设置制度

我国大学在20世纪50年代设立的国家统一的专业设置制度，随着时代的演变，显现出一些弊端。国家专业设置目录制度过于僵硬、缺乏灵活性，无法适应科学和社会的发展，难以满足新兴学科和交叉学科的快速增长，导致人才的重复培养和就业困难。国家专业设置目录之外的专业发展较快，显示政府规范功能在弱化，需要不断调整以适应环境变化。现有的专业设置与管理制度限制了高校的自主办学，学生在专业选择和选修课上缺乏自由，参与决策的权利几乎为零，不利于学生的全面发展。

我们需要建立一种新的专业设置制度，既能保证专业种类和数目的增加，满足社会和学生的多元需求，又能防止专业在学科逻辑下的过度细分和封闭。这种机制应该将专业设置权下放到学校，让高校能够自主地根据市场需求和学科发展规律设置专业。国家应当通过市场机制、社会监督和学生选择来调控高校的专业设置，只有高校具备自主设置专业的权力，才能真正获得生存和发展的空间。

2. 改革学科组织设置模式和运行机制

在我国高等学校中，院、系和专业的建制导致形成了一个又一个"专业学术氏族部落"，这些部落之间由于利益争夺形成了厚厚的壁垒，严重阻碍了高等教育的发展。为了拆除这些壁垒，可采取以下可行方法，根据学科专业的生成和发展规律以及人才成长的规律，调整学科组织设置，摒弃以学科作为学术组织的单一划分和设置标准，灵活设置学科组织以适应社会需求。需要转变专业观念，建立专业即是课程组合的理念，使专业不再是实体性的概念，改变专业作为资源配置实体、以专业为中心的课程教学状况，打破专业的僵化和固化，建立不同层次、不同类型的课程体系，通过不同的课程组合实现不同的专业，为课程组合专业模式的发展提供组织支持。

在运行机制上，借鉴国外大学的本科教育模式，建立基础学院、文理学院，统筹组织本科生的培养，将日常管理与学术管理分离，淡化专业意识，加强基础教育，促进不同学科的交叉融合，改革以专业为核心的培养模式和管理体制。学科组织可以采取虚实结合的形式，取消教师的院系所有制，将其统一归学校所有，通过学校统一调度教师资源，根据课程计划和实施需要进行分配。同时，改革原有的阻碍高校课程资源共享的教学经费分配制度，将学费分为注册费和选课费两部分，灵活调整选课费用，以促进校内学生选课和上课的流动。

3. 建立和完善弹性培养制度

随着人才培养模式的多样化趋势，应建立复合型、交叉型的培养模式，实施因材施教，促进学生个性和创造力的发展。为此，需打破僵化的课程教学管理机制，逐步完善学分制和选课制，扩大选修课比例，实行主辅修、双专业、双学位制度，增加学生的选择权，允许跨院系、跨专业选课，以及自主设计专业。改革学籍管理制度，调整对学生的限制，如休学、重修课程等。同时，完善导师制，增设学生导师职务编制，建立导师管理制度，确保导师制实体化。通过加强导师队伍建设，培训导师，使学生在导师指导下了解专业特点、制定合理学习计划，避免盲目选课，促进个性化发展。

第二节 高校精品课程建设及其应用模式

一、高校精品课程建设的具体内容

（一）教师队伍建设

教学队伍建设是精品课程建设的重要组成部分。以教育部发布的《教育部关于启动高等学校教学质量与教学改革工程精品课程建设工作的通知》为例，该文件强调了精品课程主讲教师应具备学术造诣较高、丰富的授课经验，旨在逐步构建一支结构合理、人员稳定、水平高、效果好的教师梯队。通知中明确规定了教授应为精品课程主讲，同时要按一定比例配置辅导教师和实验教师。研究高校精品课程教师队伍建设时，应从教师梯队的学历、职称、年龄结构出发，综合考察梯队成员承担的工作。这有助于确保精品课程建设中的教学队伍质量，提高教学水平和效果。

1. 教师梯队的学历、职称、年龄结构

在高校教师梯队建设中，关注教师学历和职称结构至关重要。精品课程的教师梯队应包括教授、副教授、讲师和助教等职称，以确保结构的合理性。学历结构方面，省级精品课程的梯队应包括博士、硕士和学士，校级精品课程则需引入博士，其他课程可以由硕士和学士组成。以某高校校级精品课程为例，教师的年龄分为青年教师（40岁以下）、中年教师（40~50岁）和老年教师（50岁以上）。精品课程项目组的教师团队应涵盖不同年龄段的教师，确保全面发展。然而，若50岁以上教师人数占总人数的50%以上，则课程的年龄结构较老；反之，如果40岁以下教师占比过大，则结构较年轻。综合而言，合理的教师梯队建设需要平衡不同年龄段的教师比例。

2. 教师梯队人员所承担的工作

一般而言，精品课程的教师梯队成员应当全面承担相关课程的教学工作。实际上，一些梯队成员既负责课堂教学，同时还兼顾实践指导工作；另一些成员可能同时承担课堂教学、实验指导和课外辅导等多项工作；还有一些成员则涵盖课堂教学、实践指导、课外辅导、知识讲座等多方面任务；而一些更全面的梯队成员可能包括课堂教学、实践指导、课外辅导、知识讲座以及网站维护等各项职责。在实际情况中，有不少高校的全部梯队成员都参与了精品课程的课堂教学工作，占比超过四成。高校在推进精品课程建设时，也需注意理论与实践的结合。举例而言，在执行省级精品课程如《财政学》和《中级财务会计》时，精品课程教师除了履行课程教学职责外，还需承担课外辅导、实验指导、专题讲座、网站维护等多项活动，以确保全面的教育质量和学生培养效果。

（二）教学内容建设

教学内容是指在教学过程中，师生之间发生的互动中动态生成的素材和信息，其目的是为了实现教学目标。高校在构建精品课程的教学内容时，主要应该从课程教学资源和实践教学内容等方面展开。这包括深入挖掘课程所需的各类资源，确保教学过程中有充足而有质量的素材可供使用。同时，关注实践教学内容的设计，确保学生能够通过实际操作和实践活动深度理解课程知识，提高他们的实际应用能力。高校在教学内容建设中需注重细致规划，以确保教学过程充实、有深度，有助于学生全面发展。

1. 课程教学资源

这本书将师生交互作用和服务于课程教学的素材与信息归类为课程教学资源。分析主要集中在两个方面：资源类型和呈现形式。通过对这些资源的分类和展示方式进行深入探讨，旨在为教育工作者提供更好的课程设计和教学实践支持。

（1）课程教学资源的类型。

本书通过对相关精品课程的统计分析发现，精品课程教学资源主要包括教学录像、授课教案、教学计划、教学大纲、教学课件、教学案例、论文资源、网站资源、软件资源、参考文献和扩展资源等。值得注意的是，不同精品课程的教学资源类型存在差异。在精品课程资源建设方面，许多高校普遍采用教学课件，为大学生自主学习提供内容支持。不少高校提供教学大纲，尤其在省级精品课程中，超过一半的高校提供了该资源。教学大纲有助于学生快速了解学习内容、教学目标和重难点。

很多高校为精品课程提供教学录像，省级精品课程几乎所有高校都提供了一定数量的录像，而校级精品课程有超过一半的高校提供了录像。通过观看教学录像，学生可以获得身临其境的学习体验，从而达到更理想的教学效果。许多高校还为精品课程提供教学案例，不论是省级还是校级，都有超过五成的高校提供了这一资源。教学案例能够直观地将社会现象反映到教学内容中，对学生理解教学内容有极大帮助，使他们更容易将所学知识运用于实际情境。

除此之外，所有高校都为本校的精品课程提供了授课教案、参考文献、网站资源等。在不同学校间，省级精品课程和校级精品课程在这些资源的比例上存在一定的差异，每个学校的情况各有千秋。在教学大纲、教学计划、教学课件、授课教案、教学录像、教学案例、参考文献、论文资源以及扩展资源建设方面，几乎所有高校的省级精品课程表现优于校级精品课程。尤其在教学录像方面，所有高校都为省级精品课程提供了录像，而为校级精品课程提供录像的比例约为七成。

（2）课程教学资源的呈现形式。

高校目前主要采用PDF、PPT、视频、图片、普通网页和模拟仿真等多种形式呈现课程教学资源。在精品课程展示中，常见的是这些形式的组合，如PDF、PPT与普通网页的组合，或者包含PDF、PPT、视频、图片、普通网页等多元素的组合形式。

这种多样性的呈现方式能够更全面、生动地传达教学内容，提升学生的学习体验。

2. 实践教学

实践教学在精品课程教学中扮演着至关重要的角色，包括实践指导和仿真软件在提升学习者学习效果方面具有显著帮助。然而，实际教学实践表明，一些高校在提供实践教学资源方面仍存在欠缺，成果展示等形式对于通过网络进行自主学习的学习者帮助有限。有关高校精品课程的建设，约半数缺乏实践教学内容，且提供的资源相对不够充实。本书主张高校在各个方面进一步强化精品课程实践教学的建设，以更全面满足学习者的需求。

（三）教材建设

教材在广义上是指供教学所需的各种资料，包括在课堂内外使用的各类教学材料。这不仅包括正式出版的教科书，还包括课本、练习册、由教师编写或设计的材料，以及一些在网络上使用的学习材料等。这种广义的教材概念强调任何有助于学习者发展技能或增长知识的材料都可以被视为教材。相对而言，狭义的教材仅指教科书。随着高校精品课程建设的不断发展，取得了显著效果，教材的概念也逐渐演变。现今许多高校在开设精品课程时都遵循新理念，其中"立体化教材"就是一个典型例子。高校通常为开设的课程提供首选教材和辅助教材，有些还提供了与课程配套的实验教材。几乎所有高校开设的各类课程都采用了多样化的教材形式，包括优秀的自编教材、国家级规划教材、面向21世纪的课程教材、国外优秀原版教材以及其他一些优秀的教材。这种教材的多样性和立体化体现了高校对于教学质量和学生培养的不断追求，为学生提供了更丰富、多元的学习资源，促使他们在课程中更全面地发展技能和知识。

（四）教学方法和学习辅助工具

1. 教学方法

教学方法是指在教学过程中，为了实现共同的教学目标和完成共同的教学任务，教师和大学生所采用的方式与手段的总称。具体而言，教学方法包括讲授法、演示法、讨论法、案例教学法、情景模拟法、启发式教学法、探究法等多种形式。在高校精品课程的研究中发现，几乎所有精品课程都涉及教学方法，尽管有些课程未明确指出具体的教学方法类型，而是将其概括为理论与实践相结合的教学方法。实际上，很多高校的精品课程采用了多种教学方法相结合的方式。一种典型的组合方式是以课堂讲授法为主，并结合任务驱动法，同时运用讨论法和案例教学法。另一种方式是将课堂讲授法、案例法和情景模拟法相结合，以促进学生的全面理解和实际运用能力。还有一种组合方式是采用课堂讲授法、案例法和启发式教学法，以激发学生的思维和创新能力。到2021年，一些高校在精品课程的教学中不仅使用传统的课堂讲授法，还开始提供双语教学，以满足不同学生的学习需求。这种多样化的教学方法的应用有助于提高教学效果，使学生在课程学习中获得更丰富的经验和知识。

2. 学习辅助工具

学习辅助工具是为学习者在教学和网络学习中提供支持的工具。在高校的精品课程中，这些工具包括学习指南、友情链接、公告栏、搜索引擎、在线调查和常用软件等。友情链接通常为学习者提供与课程相关的网站或案例，帮助他们更好地理解课程内容。学习指南则在自主学习时提供快速了解如何学习该课程的信息，使学习者能够迅速进入学习状态。公告栏则传达课程的教学动态和资源更新。另外，一些高校还为精品课程提供常用工具，如教学软件和邮箱。这些学习辅助工具的设置旨在提高学习效果和解决学习过程中的问题。

（五）学习评价和互动交流

1. 学习评价

学习评价在学习系统中充当着重要的反馈调节机制，对学习与教学过程产生深远影响。按照学习过程的不同阶段进行分类，学习评价可划分为总结性评价、形成性评价和诊断性评价。形成性评价关注学习过程，而总结性评价则注重学习结果。另一方面，按照评价的不同参照系，学习评价可分为绝对评价和相对评价；按照评价的不同主体，学习评价则可划为他人评价和自我评价。本书重点讨论了网络学习评价，其目标在于监控网络课程学习、改进教学、调整学习者行为，促进大学生持续发展，全面评价教与学。

在网络学习评价中，关注学习过程成为关键，评价方式也呈现多元化。网络学习评价主要集中在对大学生对网络课程内容的掌握程度上，常见的评价方式包括评价量规、学习契约、学习过程记录、练习与习题、单元测试以及模拟试卷等。然而，在精品课程中，高校提供的学习评价方式相对较为有限，主要包括练习与习题、单元测试和模拟试卷。其中，练习与习题占据主导地位，通常占比超过八成；其次是模拟试卷，占比一般超过六成；最后是单元测试，占比相对较低，仅为一成左右。

可见，大多数高校在精品课程建设中更注重对学习者学习结果的评价，而对学习过程的关注相对较少。这表明需要更多关注学习者的反馈，以不断改进教学方法。尽管一些高校提供了模拟试卷，但在其中缺乏提供答案的情况，这是需要在精品课程建设中改进的一个方面。

2. 互动交流

（1）互动交流工具的类型。

互动交流在精品课程中是指在网络课程环境下，通过在线答疑、留言板、BBS论坛、博客等工具实现师生之间和学生之间的答疑、评价和讨论等活动。建构主义学习理论的指导下，精品课程强调共享和互动，因此在课程设计中应特别关注互动交流板块的设立。这样的设计有助于促进学生的主动参与和深度学习，提升在线学习体验。

（2）互动交流工具的运行。

尽管众多高校在精品课程设计中都纳入了互动交流板块，但研究发现，大多数互动板块存在实质性问题。在线答疑和留言板往往无人提问，即便有提问，问题数量有限，有些甚至缺乏教师的回复，而且更新时间相对较长。这表明互动板块存在着形同虚设的现象，需要高校在精品课程的互动设计上进行更加有针对性的改进，以促进学生参与和教学效果的提升。

二、高校精品课程教学应用模式设计

（一）实践基础

数年来，国内外开放课程建设的应用现状在高校教育领域呈现出积极的势头。其中，本书应用模式的设计倚赖两个主要实践基础：高校精品课程建设的蓬勃发展和优质资源的共享机制的有效保障，同时还受益于师生信息素养的不断提升。

1. 高校精品课程建设势态良好

我国高校精品课程分为精品视频公开课和优质资源共享课两部分。2011年5月，教育部发布了《关于开展视频公开课选题申报工作的通知》，通过多方参与的方式，首次建设了一批优质的国内大学视频公开课，并公布了相应的建设标准，即《视频公开课拍摄制作技术标准》。紧接着展开了第二轮视频公开课的申报工作。

次年2月8日，教育部高等教育司发布了《关于开展2012年度精品视频公开课推荐工作的通知》，决定在"985工程"高校试点建设的基础上，将公开课建设的学校范围扩大至具有鲜明学科特色优势的高校，计划建设350门精品视频公开课。这些课程将在爱课程网（www.icourses.cn）及其合作媒体平台—中国网络电视台、网易—同步上网，并定名为中国大学高校精品课程。

截至目前，我国高校精品课程项目的资源内容涵盖文学艺术、哲学历史、经管法学、基础科学、工程技术和农林医药等六大模块，总课程门数超过200个，视频集数接近2000。首批120门资源共享课于2013年6月中旬投入使用，这些资源可在国家精品课程资源网（http：//video.jingpinke.com/）的视频专区进行在线免费学习和下载。这一举措旨在推动高质量的教育资源共享，促进教育的广泛普及。

2. 优质资源共享机制保障

（1）树立开放办学的理念。

高校精品课程，作为优质的教育教学资源，需要在先进教育思想的指导下注重内容的丰富和创新，以及教学技术和手段的现代化，以期达到良好的教学效果。这类课程的共享对我国高等教育的开放办学质量有着直接的影响。建立共享机制应基于观念的转变、认识的提升和开放办学的思想基础。在管理者层面，包括各级教育主管部门和地方高校领导者，应以提升高校教育教学质量和创新人才培养为准则，积极推动高校精品课程资源的公开共享。教师层面则要求地方高校的课程任教者结合自身教学实际，加强学习，积极吸收和借鉴高水平教师在精品课程建设中的经验和思想，深入学习教学方法。他们需要为学习者建立基于网络的自主学习和协作的环境，以切实提高教学和人才培养的质量。这种共享机制的建立不仅仅是资源的传递，更是一种教育理念的传播和共同提升的过程。

（2）投入加大，建立数字化课程网络平台。

为构建高校精品课程资源共享机制的技术平台基础，必须加大投入并加强数字化课程网络平台建设。教育主管部门在此方面进行了投资，建立了高校精品课程统一展示网站平台。该平台在课程内容呈现和结构安排方面设定了统一标准，同时通过流程化、模块化和标准化的方式设计了课程资源建设发布流程。这包括网络开放课程内容的组织、网站基本功能模块的设置，以及基于网络平台的资源建设和共享发布的技术方案。这一举措旨在提高学习者获取和使用资源的便捷性。

各高校需要根据其精品课程建设项目的规划、建设、评审、发布和应用需求，在教育主管部门发布的统一标准基础上，建立灵活的、可扩充的数字化课程网络平台课程中心。这个中心的目标是实现对所有精品课程的统一管理和维护，同时能够兼容现有课程资源建设的主体架构。这样设计的数字化课程网络平台课程中心将有助于实现精品课程资源的发布、维护和更新，使得资源的查找和搜索变得更加便捷高效。综合而言，加强数字化课程网络平台建设是构建高校精品课程资源共享机制的重要技术支撑。通过投资和规范建设，这一平台有望成为学习者和教育机构共享精品课程资源的有力工具，促进教育资源的更有效利用和共享。

（3）教师队伍建设与高校精品课程引用相结合。

高校精品课程的师资队伍建设是提升教学质量的关键。通过日常教学引导，可以提高师资力量，创造高校精品课程资源共享机制，确保师资保障。精品课程资源共享包括有形资源（教材、硬件环境、教学方法等）和无形资源（教学理念、教学思想等）。在建设过程中，需协调有形与无形资源，发挥两者优势，尤其注重无形资源的潜移默化作用。高校应在共享基础上，结合自身教学需求，实现创新与发展，为提高课程教学质量服务提供借鉴。

（4）健全监督评价机制的建立。

高校精品课程项目实施中，若缺乏监督评价机制，课程上网后的管理和服务质量难以保障。健全的监督评价标准成为构建高校精品课程资源共享机制的必要制度保障。共享资源后期管理与服务是提高服务质量的基础，包括网站有效连通和资源时时更新。建立监督评价机制有助于改变只重视建设而忽视后期管理与服务的现状。教育主管部门、精品课程自建团队需通力合作，分阶段负责各项工作，更好实现高校精品课程资源建设目标。

具体而言，监督评价机制的内容可更加具体，建议包括以下三点：建立现有高校精品课程教学网站动态监测体系，采用自评与他评相结合的定期检查形式，从外部推动工作顺利进行，并促进高校建立自身的监督评价机制。对申报成功的精品课程应予以高度重视，给予具体政策支持，有条件的单位积极建立自己的监督评价体系，促进高校精品课程建设和后期管理服务质量提升。高校精品课程负责人及团队需投入进一步努力，按照监测体系确保课程资源网站运营、内容呈现管理，保障网络联通性和内容更新频率。这些措施有助于高效推动精品课程资源建设，提升服务质量。

3. 师生信息素养日益提升

随着社会知识经济的快速发展，教师们面临着前所未有的新要求和新挑战。在教育信息化的环境中，人民教师需要不断提升自身的专业知识水平和教育技术应用水平。他们不仅需要拥有深厚的学术底蕴和广阔的学术视野，还必须具备信息处理能力，即信息素养。与此同时，随着信息技术的不断进步，教师们需要不断提高自己的信息素养，以适应时代的要求，从而培养更优秀的社会建设接班人。

在 21 世纪，人们不仅需要掌握大量的事实性知识和专业技能，还需要具备适应和解决问题的素质。面对不断涌现的知识和问题，人们需要具备强大的查询、获取、整理和加工信息的能力，以及灵活运用信息的能力，以免被信息浪潮淹没。21 世纪的人必须具备高水平的信息素养，这种能力是适应信息时代环境的关键。

在这一背景下，教师的信息素养提升变得尤为迫切和必然。缺乏高水平信息素养的教师难以培养出更优秀、适应信息时代环境的大学生。教育系统需要重视并积极推动师生信息素养的提升，以确保教学质量和学生综合素养的全面提高。这也是为了更好地满足现代社会对人才的需求，培养具备综合素质和适应力的新一代社会成员。

（1）专业技能培训。新时代的教师应该具备领会教育信息理论思想，以及了解数字化信息传播特点、具体表现形式及掌握传递信息工具应用的专业技能。为了帮助教师充实信息知识，相关部门做了以下工作：组织中心组成员专题培训；课题组按需为教师提供教育教学重要信息，组织教师学习先进教学理论；电教组为全体教师培训如何高效使用电脑及其日常保养与维护知识等。组织专门的信息技术培训，内容包括：网络技术的操作与使用；信息资源的下载、整理、重组与应用；如何熟练整合使用信息教育资源，开展教学研究等。通过培训，进一步提升了教师的信息处理能力。随着信息技术在社会生活中的日益普及，使得大学生可以轻易获取大量信息，这让大学生甚至能占据先机，这自然会使教师的权威受到削弱。教师应积极提升自己的信息处理能力，从而巩固自己在教学中的主导地位。

（2）教师能正确把握信息技术在学科课程中的应用。受到人本主义学习理论的影响，大学生作为独立个体的主体地位被日益重视。在课堂教学中，教师在设计多媒体教学课件时，需要综合考虑大学生个人注意力发展特征等多种因素，避免课件制作中的声音和画面影响师生间、生生间的互动交流。要给予学习者独立思维的空间，网络多媒体演示教学内容只能辅助知识理解，无法取代真实的实际操作。教师在设计具体的课堂教学活动过程中，对现代教育技术手段的应用要从大学生的角度出发，充分发挥大学生的主体性，使教案设计更具灵活性，避免应用效果打折扣，要坚持网络多媒体技术对学科教学的辅助作用。

在教育教学实践中，教师树立合理的信息技术应用观十分重要。教师应从实际出发，标本兼治地挖掘和发挥传统与现代技术手段在教学中的积极作用。把现代技术与传统方法结合起来，根据学科课程教学需要选择合适的网络媒体和手段；合理配合使用多媒体与常规媒体手段，扬其长，避其短，提高教学质量水平，实现大学生学习方式等的转变，进而促进教学体系的完善。

（二）应用模式设计

利用高校精品课程资源促进本校教学理念的转变已成为近年来引发教育者深入思考的重要诱因，尤其在信息技术背景下对传统教学流程进行重构的研究中备受关注。本书所提及的重新建构应用模式融合了自主学习和协作学习，着重培养大学生的自主学习能力，提升师生间和生生间的协作意识，同时优化整个教学过程，充分体现了教师主导下大学生在课程建设中的重要作用。

1. 教学应用模式设计

精品课程在高校教学中可以促进教学理念的转变，借鉴翻转课堂的思想是一种有益的参考。高校精品课程的应用设计涵盖了课前自主预习、课中问题讨论和课后评价小结三个主要模块。这与翻转课堂的核心思想相契合，通过学生在课前自主学习精品课程视频，课中集中讨论问题，课后进行评价小结，有效利用有限的课堂时间提高教学质量。在选择视频过程中，教师需精选适用的精品课程内容，引导学生思考和质疑，改变其课外学习的规范性和长期性。

在高校精品课程的教学应用中，教师可以截取精品课程中的有用部分，或者选择适用的视频片段，使教学更有针对性，同时提升学生学习兴趣。通过重新构建传统教学流程，信息传递和内化阶段得以调换，同时在课前、课中和课后三个模块中实现师生和生生之间的互动交流。这有助于弥补因缺少帮助而导致学习动机丧失和成就感降低的问题，尤其在课前和课后两个学习模块中。最重要的是实现师生"双主"地位，共同参与教学任务，提升学习者的积极主动性和创新能力培养。这种教学模式为高校教学理念的更新提供了新的希望。

2. 教学应用模式阐述

应用模式对教学流程的重新建构需要学习者具有一定的软硬件学习环境，通过信息化环境来促进其学习兴趣的培养和学习动机的提升。大学生一般都已具备进行网络学习的软硬件条件，很多高校的授课教室也配有必备的多媒体教学设备，为开展基于高校精品课程支持的教学提供了保障。另外，随着互动式多媒体与移动终端平台、大数据技术等相互结合程度的日益深入，很多高校的精品课程开始以SPOC、翻转课堂、微课堂、雨课堂等教学方式来加以展开，并对高校的精品课程建设注入了强大的创新动力与技术条件。经过以上对作为试验对象的学习者以及课程学习内容的简要分析，根据设计的高校精品课程教学应用模式，这里对《教学设计原理与方法》课程的教学过程展开具体设计与实践。该精品课程的教学过程主要体现在以下三个方面。

（1）课前自主视听预习。

由于教学流程的重新构建，信息传递的阶段已被移至课前。这意味着高校精品课程的应用体现在提供符合该课程教学的名师精品课程，并通过网络学习平台提供在线辅导，促进学生间的互助。学习者在课前自主视听预习模块中可以获得这些资料。他们也可以在在线平台上提出问题，在课堂上得到集中讲解与讨论。在这一模块中，高校精品课程的在线交流可以在交流平台或班级学习空间的交流模块中进行。教师需要精选适合的精品课程片段，以解决学生在在线交流中提出的问题。这样做有助于再现教学情境，激发学生的共鸣与集体思考，从而进行头脑风暴。

（2）课中问题讨论。

课中问题讨论模块的设置是建立在课前自主视听预习的基础之上的。在这个模块中，教师利用大学生提出的疑难问题和事先挑选好的高校精品课程视频片段，通过再现教学情境的方式，促使学生进行面对面的集体讨论，并进行相关问题的解释和讲解。高校精品课程在这一模块中的作用主要体现在疑难问题教学情境的再现上。通过针对大学生共同疑惑的集中讲解和讨论，教师能够有效地引导学习者，在课堂上进行有针对性的指导。同学们之间就相同的难题展开交流，更有助于促进知识的吸收和内化。在课中模块的"任务驱动法教师假设问题"环节，高校精品课程也发挥着重要作用。

可以将精品课程中的某个问题作为驱动任务，通过共同的听觉刺激，激发学习者对任务问题的思考。这种任务驱动的方法能够增强学生的参与度和学习效果，使他们更深入地理解和应用所学知识。

（2）课后评价小结。

高校精品课程的价值体现在课后评价小结模块，这个环节不仅是学习的结束，也是对学习成果进行检验的时刻。在这一环节中，资源推荐起着关键作用，它们不仅是学习的延伸，更是下一阶段学习的起点。资源推荐主要包括提供课前预习视频和对学习知识的拓展，以帮助学习者巩固所学内容和拓展视野。

通过课前和课中的学习，学习者已经接触到了大量的知识，但是他们是否真正理解并掌握了这些知识，需要在课后的评价小结中加以验证。在这个环节中，师生共同参与，总结出学习的主要知识点，并对学习过程进行评价和反思。

这一系列的学习环节不仅限于课堂内，也可以延伸到网络平台上，例如爱课程网站和班级学习空间。重要的是，学习共同体的交流与建立要及时有效，这有助于促进学习者之间的互动和知识的共享。课前、课中和课后三个模块的设计旨在实现信息传递和知识内化的目标。高校精品课程作为优质的学习资源，应该被充分挖掘其在教学中的应用效能，为学习者提供必要的支持，从而提高教学质量并促进新教学模式的发展。

第三节　高校在线开放课程建设政策

一、高校在线开放课程建设政策的发展历程

（一）网络课程政策初步发展时期：对网络课程的阐述及优质网络课程的建构（2000—2002）

20世纪90年代，随着网络信息技术的发展，我国进入了现代远程教育阶段，这是继函授教育、广播电视教育之后的第三代远程教育时期。1999年，教育部批准了四所高校开展现代远程教育试点。从那时起，我国网络教育进入了启动阶段，网络课程

的建设成为其中的重要组成部分，国家相继出台了多部政策文件来支持这一发展。2000 年，《关于实施新世纪网络课程建设工程的通知》正式拉开了网络课程建设的帷幕，直至 2003 年国家精品课程建设开始之前，这一阶段都属于网络课程初步发展阶段。

依据网络课程建设的政策目标，即"推动优质教育资源共享，提高高等教育质量"，优质教育资源在此并非仅指传统教育中的优质内容，而是特指利用信息技术录制的优质课程，通过广泛传播实现资源跨地域、跨时间的共享。为了实现这一政策目标，网络课程建设首要解决的问题是对优质课程的筛选与评定，进而通过全面认知课程内容的重新组合，并利用信息技术进行表达，以促使有效学习的产生。在这一阶段，相关政策集中于对网络课程的优势进行分析，以突显网络课程在信息化背景下教学发展中的独特价值。

1. 对网络课程相关内容的阐述

2000 年，《关于实施新世纪网络课程建设工程的通知》中，教育部现代远程教育资源建设委员会提出了《现代远程教育资源建设规范（试行）》，其中对网络课程做出了明确定义：网络课程是某门学科的教学内容及实施活动的总和，以网络为载体，包括两个主要部分：按照教学目标和策略组织的教学内容，以及网络教学支持环境。这一定义涵盖了两个关键方面：课程内容的构建和技术支持系统的创设。课程不仅包括目标、设置、实施和评价等方面，而且网络课程还需要利用互联网作为媒介，构建复杂的课程系统工程。为了实现网络课程的全面建设，相关政策做出了一系列规定。

关于网络课程目标的规定，这些政策明确了在大约两年的时间内建设 200 门左右的基础性网络课程、案例库和试题库等目标。《现代远程中等职业教育与成人教育资源建设工程》规定了建设 100 多项基础性、示范性网络课程等目标。在这一阶段，尽管信息技术应用尚不广泛，但网络课程建设的目标仍然侧重于技术的熟练运用。相关文件涉及网络示范课程及数据库的建立，以信息技术为载体，实现多元化网络课程建设。

关于网络课程特征的阐述，政策指出了网络课程与传统课程最大的区别在于资源的开放与共享，超越时间与空间的限制，促使学习者主动建构内部学习体验与心理表征。政策内容强调了网络课程学习过程的开放性、交互性、共享性、协作性和自主性等特点，将自由开放的课程特性从传统课程的束缚中解放出来。关于学习者角色的定位，相关政策要求以学习者为中心组织网络课程教学，加强学习内容和进程的可选择性，培养学生主动学习的兴趣和能力。这表明在网络课程建设初期，对学习者角色的转型重视程度较高。从传统课程到网络课程，学习者由被动转为主动，师生关系也由"单向度的教和学"转变为"双向度的教和学"。相关政策体现了教学不仅是施教与受教的过程，更是以学习者为中心实现完整参与学习、促进自我发展的过程。

2. 对优质网络课程进行建构

网络课程的设立是基于对传统课程的高质量资源进行精心筛选和整合的过程。在网络课程开发和建设的初期阶段，政策制定者着重强调了网络课程的原则和内容，并对其管理进行了详细规划。网络课程的发展既是对信息化时代需求的响应，也是推动教育改革的重要途径。网络课程原则的界定主要涉及两个方面：一是利用信息技术的优势实现优质资源的共享。在网络课程兴起初期，技术是关键因素，通过技术路线的选择和设计，可以突破空间限制，促进优质课程资源的共享。二是转变教育理念，确立以学生为中心的教育观念。高校应充分发挥网络教学的优势，创建有利于学生素质教育和创新能力培养的多样化网络教学模式，并注重课程的互动性，以提升学生学习的主动性。网络课程不同于传统课堂的"教师中心"，而是以学生为主体，在自我意识的指导下获取知识、实现自我发展。此阶段的课程内容涵盖各个学科领域，以促进科学化和人文化的统一，实现教学内容的多样化。课程内容不仅涉及多种学科，还采用多种教学方式，如讲授式、学生自主式和探究型学习模式，充分发挥学生的主动性，实现网络课程的优势。此时期的政策文件不仅界定了网络课程的原则和内容，还对网络课程的管理进行了规划。网络课程的建设过程由分散管理变为学校教务部门进行统筹集中管理，以确保课程建设标准的统一和资金分配的科学性；试点学校的网络课程建设工作受到期中和期末的审查验收，以及时发现和解决问题；建设经费的投入也在统一管理之下进行，以提供网络课程建设所需的硬件支持。网络课程的构建是在对传统课程进行细致筛选的基础上进行的，旨在通过独特的表现形式满足学生自主发展的需要。

（二）精品课程政策建设阶段：全面加强网络教学过程建设（2003–2014）

1. 教学内容与资源的完善

2003年，精品课程启动文件明确指出，培养高素质人才是精品课程建设的目标。

这一目标的确立显示了国家对人才培养质量的重视，以满足国家和地方发展的需要。精品课程的建设围绕教学过程展开，首要任务是重构教学内容并完善教学资源。2011年，《教育部关于国家精品开放课程建设的实施意见》中对教学内容的要求是："根据预设教学目标、学科特点、学生认知规律，围绕学科核心概念进行碎片化组织教学内容与资源"。这两个文件均突显了教学资源和内容应以学生需求为出发点。随着网络课程从泛化走向精品课程的专业化，课程对学生学习的适切性日益增强。网络课程建设初期强调学生自主学习，但对于建立网络资源与学生之间的联系及学生如何开展学习活动并未有明确说明，因此出现了优质网络资源开发与学生学习相分离的情况。精品课程阶段旨在解决教学内容与资源如何与学生建立联系的问题，其解决途径是完善教学内容和资源。就教学资源而言，2012年，《教育部办公厅关于印发"精品资源共享课建设工作实施办法"的通知》要求资源"系统、完善、丰富、开放、共享"，并注重课程资源的适用性和易用性，强调根据学生需要开展资源建设，加强与实际教学过程的联系。2013年，《国家级网络教育精品资源共享课申报和遴选工作的通知》再次强调了教学资源的完善和优化。就教学内容而言，课程内容应涵盖课程相应领域的基本知识、基本概念、基本方法、基本技能、典型案例、综合应用、前沿专题、热点问题等，促使教学内容沿着具体路径发展和完善。同时，对课程内容的原则和特征进行了界定，即基础性、科学性、系统性、先进性、适应性、针对性。可见，在精品课程阶段，国家政策对教学内容和资源做出了严格规定，旨在通过不断完善促使教学过程实现改革。

2. 教学设计的改进

2011年，《教育部关于国家精品开放课程建设的实施意见》明确指出，教学设计和方法应符合有效教学的基本规律，并围绕教学目标展开。同时，提出了在线教育与课堂教学相结合、翻转课堂等多种形式的教学方式。精品课程建设强调教学过程的系统性，其中关键环节之一是教学设计的改进。在网络教育初期，教学设计与教育目标脱节是网络课程效果不佳的主要原因。新的文件强调"有效教学"的核心理念，意在消除教学与网络课程分离的情况，要求教学全过程围绕教学目标形成统一整体，并规范教学设计。

有效教学理念包括三个方面内容：以学生为主体、教师为关键、反思为重点，对教学设计进行规范。网络教学要以学生学习为中心，教学方法应具备灵活多变的特点。

网络教学的特点之一是突破时空限制，使教师和学生可以进行异地讨论学习，但也减少了师生面对面的交流。教师必须密切关注学生的发展和在线开放课程的动态，选择以学生探究式学习为主的教学方法，例如体验学习教学法，让学生参与知识的建构过程。这与使用实验和表演等形象化教学手段的要求是一致的，能够促使学生在思考和探究中领悟知识，并形成个性化的理解。

教学设计应以教师为关键。网络教学的新变化要求教师更新观念，改进方法，树立先进的教学设计理念，并不断丰富个人的知识储备。2011年的文件指出，课程建设负责人应具有丰富的教学经验和较高的学术造诣，这体现了对教师专业素质的高要求。在课程安排上，要重点选择具有实践经验的优质课程。

3. 教学评价与监管的健全

在线课程教学效果的最终评估阶段是教学评价，只有进行全面的教学评价，才能发现教学过程中存在的问题，并及时进行改进和修正。政策文件要求建立多元化的学习评价体系，探索线上与线下融合、过程性评价与终结性评价相结合的多元考核模式，以促进学生自主学习、过程学习和体验式学习。课程成绩应由过程性考核和终结性考核综合评定。

在传统教学中，教学评价主要依赖于期末考核，缺乏对学生平时表现的评价，难以激发学生在日常学习中的积极性和主动性。而网络精品课程的教学注重培养学生自主探索知识的能力，因此教学评价应从期末终结性评价扩展到对学习过程的评价，以激励学生养成良好的学习习惯，提升学习能力。

相关政策文件要求对教学过程进行管理，包括实行主管校长负责制，保障政策、经费、人力等方面的支持，多部门协调，精心组织课程建设和应用。要依法开展教学活动，有效监管课程内容、讨论内容和学习过程内容。这些要求主要体现在两个方面：首先是建立精品课程管理制度，确保各部门在监管范围内协调运作；其次是对教学内容的合法监控，特别是要重视知识产权管理，保障各方权益。

（三）在线开放课程政策全面建设与管理阶段（2015年至今）

2012年，随着慕课等新型在线开放课程和学习平台的全面兴起和发展，对高等教育教学改革提出了新的机遇和挑战。为了迅速适应新时代在线开放课程的需求，促进其全面建设和发展，我国于2015年颁布了《教育部关于加强高等学校在线开放课程建设应用与管理的意见》。这一文件的主要变化体现在以下三个方面，管理课程和资源的方式发生了变化。不同于精品课程阶段的统一管理模式，现在在线开放课程采取"高校主体、政府支持、社会参与"的方式，将自主权下放到高校，以突出高校教学传统优势和优质课程的特色。这种自主化管理有助于促进高校教育教学改革，使得高校能够更好地审视传统教学目标，并通过内部优质课程实现个性化发展。

在资源调控方面，文件规定了注重应用共享的原则，着力推动在线开放课程的广泛应用。通过整合优质教育资源和技术资源，实现课程和平台的多种形式应用与共享，以建立起不同高校之间的联系，扩大课程的传播范围和影响力度。再次，对课程类型的要求发生了变化。在线开放课程的重点放在文化素质教育课、受众面广、量大的公共课和专业核心课程上，以促进专业人才培养的发展，推动教学改革。

建立了师资培训学分认定制度，以促进在线开放课程的专业化发展，对教师及技术人员进行专业的培训。到2021年，我国在线开放课程已从技术的应用发展到课程教学，很多学科的一线教师的教学能力得到了较大幅度的提升，学分认定机制等制度建设也逐渐实现并完善。

二、高校在线开放课程建设政策的目标与要求

（一）学校管理——健全制度体系与配套措施

规章制度由学校管理部门制定，对在线开放课程的发展方向起着重要的控制和引导作用，这是促进在线开放课程更好发展的关键因素之一。国家制定的政策为在线开放课程进行了整体规划，但各学校在具体执行过程中需结合自身实际情况进行调整。随着相关政策的出台，诸多高校纷纷制订了本校的在线开放课程建设实施方案，如《"十三五"江苏省高等学校在线开放课程建设实施方案》、《清华大学关于加强在线教育工作的若干意见》、《南京财经大学在线开放课程建设实施办法》等。

在国家政策和学校内部规章制度的指导下，学校管理方面对在线开放课程的建设目标定位主要包括两个方面：一是建立完善的在线开放课程建设机制体系，设立专门负责的机构和管理人员，统筹协调各部门开展相关工作。在传统教学模式下，教务处负责教学管理，但在线开放课程的兴起需要更专门的管理机构。一些学校设立了在线教育办公室等机构，负责调控在线开放课程的建设工作。例如，清华大学设立了在线

教育办公室，并取得了良好成效。完善相关的配套保障措施，包括建立资金支持链、提升技术力量、建设优质课程服务共享平台以及制定教师激励机制等。南京财经大学就提出对教师教学效果好的课程进行奖励，以激发教师的教学主动性。

学校管理部门在遵循国家政策指导下，通过制定规章制度和实施方案，对在线开放课程的发展起着至关重要的引导和促进作用。学校管理部门的行动不仅是对国家政策的贯彻执行，更是为了满足社会对教育的需求，推动教育的现代化发展。通过制定规章制度，可以为在线开放课程的运行提供明确的法律依据和行为准则，保障其规范化和有序发展。同时，实施方案的制定则能够有针对性地解决在线开放课程中的具体问题，提升其质量和影响力。在这个信息化时代，在线开放课程已经成为教育领域的重要组成部分，而学校管理部门的积极引导和促进，则有助于在线开放课程更好地服务于广大学生和社会公众，推动教育教学模式的创新和发展。我们有理由相信，学校管理部门在在线开放课程的发展中将发挥越来越重要的作用，为教育事业的繁荣和进步做出更大的贡献。

（二）课程建设——优化课程设置与管理模式

根据相关政策规定，学校的课程建设目标涵盖两方面内容。建立包括课程内容与资源、课程设计在内的课程设置体系是至关重要的。这意味着必须确立一个系统化的框架，以确保课程的完整性和连贯性。课程设置体系的合理性具体体现在课程结构的合理性和课程内容的合理性上。课程结构的合理性要求开设的课程必须是合理有效的，课程的顺序和结构安排必须合理，各课程之间必须有一定的联系且衔接有序。这意味着课程设置应当经过认真筹划，确保学生能够在逐步学习的过程中获得系统而全面的知识体系。每门课程的设置都应当符合一定的教学逻辑，以确保学生能够逐步扩展和巩固所学知识。

而课程内容的合理性则要求课程的内容必须符合课程目标及其培养计划，并且符合学科特征和时代要求。这意味着课程内容应当与学生的学习目标和未来职业发展密切相关，同时也要紧跟学科发展的最新趋势和时代需求。只有这样，学生才能在学习过程中获得最大的收益，为未来的发展做好充分准备。在各高校具体文件中，申报的在线课程必须满足一定的基本要求。这些课程必须是在各学校已经开展几年以上，并且已经取得了良好的教学效果和教学反馈。这意味着这些课程已经经过了实践的检验，能够确保其教学质量和有效性。这些课程必须具备整体的教学设计，并以知识点为基础组织教学及其他环节。这意味着课程设计应当符合系统性和连贯性原则，确保学生能够全面地理解和掌握所学知识。

建立合理的课程设置体系和完善课程管理模式对于高校课程建设至关重要。只有确保课程的结构合理、内容合理，并且符合时代要求，才能够真正提升教育教学质量，培养出更加优秀的人才。在网络教学的背景下，教学的改革迫在眉睫。缺少教师对学生学习情况的及时追踪是当前网络课程教学的一大难题。面对这一挑战，我们需要对课程的逻辑和科学性提出更高要求，同时也要求教学具备更强的灵活性。

为了建立起不同课程之间的联系，我们应当构建一种"教—学—检测—反馈—改进"的教学链。这种教学链的核心是教学的连贯性和循环性，以确保学生的学习效果和体验。教师应该按照一定的教学逻辑和培养目标来设定每门课程的学时和内容。这意味着教学内容应该符合课程的整体目标，而学时安排也要合理分配，既不过于拥挤，也不过于空洞。在进行某门课程的教学之后，教师需要及时进行习题训练，以检测学生的学习情况。这种检测可以通过在线作业、小测验等形式进行，从而及时了解学生的学习进度和掌握程度。

然后，教师应该根据学生的参与情况和学习表现，对下一课时的内容进行及时修正。这种修正不仅包括教学内容的调整，还包括教学方法和教学资源的更新，以更好地满足学生的学习需求。教师需要根据学生的反馈和检测结果，不断改进教学方法和课程设置。这种改进是一个持续的过程，需要教师不断地反思和调整，以提高教学效果和学生的学习体验。

建立起"教—学—检测—反馈—改进"的教学链对于网络教学的发展至关重要。这种教学链可以有效地提高教学的连贯性和循环性，从而提升学生的学习效果和满意度。同时，也可以帮助教师更好地应对网络教学的挑战，实现教育教学的持续改进。课程的管理是学校教务处在在线开放平台上进行的重要工作。教务处在这一平台上承担着运行管理的职责，需要确保课程管理模式的完善和课程的有效性评审。学校应建立健全的课程管理模式，以确保在线课程的质量和效果。这包括对课程内容、教学方法、评估方式等方面进行综合评估，从而提高教学质量和学习效果。

教务处还负责在选课平台上发布可供学生修读的在线课程。这需要与各学院、教师密切合作，及时更新课程信息，确保学生能够及时了解到最新的课程信息和选课指南。同时，教务处还需监督教师定期完善课程信息、更新教学资源，以及组织学生进行讨论与反馈。这有助于提高课程的针对性和实用性，促进学生的主动学习和思考能力的培养。教务处还负责考核学生的学习成绩，并组织学生进行网上评教。通过对学生学习成绩的考核和评价，可以及时发现学习中存在的问题和不足之处，并提供针对性的改进措施。同时，学生的网上评教也是促进教学改进和提高教学质量的重要途径之一，教务处需要确保评教工作的及时性和公正性。

教务处需要确保在线开放课程的各个环节有序运作。这包括课程的开设、教学资源的更新、学生的选课与学习、考核与评教等各个方面。只有保持各个环节的协调与配合，才能够确保在线开放课程的顺利进行，为学生提供优质的教育资源和服务。教务处在在线开放平台上的管理工作至关重要，需要不断完善和改进，以适应不断变化的教育需求和技术发展趋势。

（三）教师教学——改善教学方式与师资团队

教师在在线开放课程中的角色定位对教学效果起着至关重要的作用。在线教育的核心是激发学习者的主动性，而教师则应成为课堂的参与者之一。然而，缺乏教师系统的引导可能导致学习者难以形成结构性的知识逻辑框架。教师在学生自主探索知识的同时，也需要进行适度的方向引导，确保学习者在突破身份限制的基础上实现有意义的学习。相关政策对教师教学的目标定位主要包含两个方面，一是教学方式的转变，二是师资团队的建设。在传统课堂中，教师通常扮演知识的主宰者和权威，而在线课程学习则更注重以学生为中心的知识构建过程。教师的角色得以扩展，成为学科的引导者、学习方法的咨询者和目标达成的监督者。为了实现"满足学习者个性化发展和多样化需求，培养其自主学习能力"的目标，教学方式的转变应以指导为核心，建立反思、加工整合、应用的多元模式。

在这一转变中，教师需要更多地担任指导者的角色，引导学生如何有效地获取、理解和应用知识。通过提供问题解决策略、学习技巧和资源评估等方面的指导，教师能够帮助学生建立起自主学习的能力。同时，教师也需要加强对学生学习过程的监督，确保他们在学习中保持动力和目标导向性。这种监督并不是简单地检查学习成果，而是通过及时的反馈和指导，帮助学生克服困难，不断提升自己的学习能力。师资团队的建设也是教育政策中至关重要的一环。教师需要不断提升自己的在线教育能力，掌握最新的教学技术和方法。政策可以通过提供专业培训、资源支持和团队合作机会等方式，促进教师的专业成长和团队合作精神，从而提高整体教学水平。教师在在线开放课程中的角色定位不仅需要适应学生自主学习的需求，还需要承担起引导、监督和支持学生学习的责任。通过教学方式的转变和师资团队的建设，才能够更好地实现教育政策的目标，满足学生个性化发展和多样化需求的需要。

教师在在线开放课堂中扮演着至关重要的角色，其指导作用贯穿于整个教学过程的各个环节。教师需要确立清晰的学习任务，这包括明确目标、阐明学习内容和规划学习进度。在制定学习小组时，教师需要根据学生的不同特点和学习需求进行合理的分组，促进学生之间的合作与交流。同时，教师还应该给予学生及时的反馈和评价，指导他们在学习过程中发现和纠正错误，以及改进学习方法。在解答学生困惑方面，教师的角色更显重要。通过倾听学生的问题并给予解答，教师能够帮助学生理清思路、解决疑惑，从而提升他们的学习效果。教师还应该引导学生进行反思和加工整合，通过提出问题和启发思考，促使学生深入思考、建立扎实的知识体系。

为了更好地支持在线开放课堂的教学活动，教师还可以借助多媒体技术创设多样化的教学情境。通过图像、视频、音频等形式的展示，教师能够生动地呈现知识内容，激发学生的学习兴趣，帮助他们将理论知识转化为实际能力。构建一个强大的师资团队也是至关重要的。除了教师之外，学校还应该配备专业的技术人员，为教师提供技术支持和指导，并及时处理技术性障碍，确保在线教学的顺利进行。同时，定期邀请专家组成评审团队，对在线开放课程的建设和应用情况进行大数据分析，及时发现问题并进行修正，以不断提升教学质量和效果。教师的指导作用是在线开放课堂的核心要素之一，通过制定学习任务、给予反馈和评价、解答学生困惑等环节，以及引导学生反思和加工整合，教师能够有效地促进学生的学习和发展。同时，学校也应该构建强大的师资团队，并配备专业的技术人员和专家，以支持在线教学的顺利开展和持续优化。

（四）学生学习——重构角色转变与考评机制

网络教学强调学生是知识探索的主体，其学习目的在于培养自主学习能力。相关政策突显高校自主开放课程建设，强调个性化服务和课程内容的转变，逐渐关注学生学习能力和个性化发展。技术更新拓宽了学生获取信息的途径，使其在信息获取方面常处领先地位，有时甚至超越教师。学生不仅是受教育者，还可成为教师的知识资源，乃至"知识传递者"，而教师则在一定程度上成为学生的"教育对象"，被置于"知识学习者"的位置。网络教学应以学生为主体，在技术创设的虚拟环境中进行学习，辅以传统课堂教师的指导，实现双向互动。学生常对自己擅长的知识兴趣浓厚，在共同探究知识的过程中，若能充分发挥其主动性和话语权，有利于学生学习主体地位的确立和知识结构的反思。相关政策要求建立科学的学业考评制度，以激励学生形成主动学习的习惯。这包括过程性评价和学分认证管理制度的建立，以取代单一的期末考试评定方式。各高校应建立学分认证标准，并建立学分转换体系，以便将在线课程纳入培养计划中。建立校际间的学分互换体系，鼓励各高校形成在线课程联合机制，共享优质课程，以提高在线课程的服务范围和学生的学习价值。

三、高校在线开放课程建设政策实施的改进建议

（一）在线开放课程政策内容的调整对策

1. 在线开放课程政策的目标设定明确清晰

教育政策的目标是政策制定的核心，也是政策执行的终极任务。它在政策制定、执行和评价过程中具有重要的导向作用。为了准确把握在线开放课程的发展方向，必须科学而全面地了解政策。政策目标的调整应该根据教育政策的动态发展和在线开放课程发展的时代特征。从微观层面来看，政策的目标、对象与手段构成了政策的三要素，目标的明确性是达到政策标准的基本要求。然而，在已有的在线开放课程政策文件中，并没有专门对政策目标进行明确阐述，因此有必要对其进行细化与完善。教育政策问题并非静态不变，而是随着相关因素的改变而产生差异，这需要定期根据政策问题的变化对政策内容进行调整。政策调整是对政策目标进行完善的过程。伴随着信息技术的进步，在线开放课程在试点基础上逐步推广，政策目标应符合在线课程发展的客观需要，并不断完善。

针对在线开放课程的政策目标应当包括以下几个方面：明确在线开放课程的普及和提升教育质量的目标，确保更多人能够平等获取高质量的教育资源；强调在线开放课程的创新和实用性，鼓励探索新的教学模式和教育技术，提高教学效果和学习体验；

再者，加强在线开放课程的质量监管和评估机制，确保课程内容的准确性和有效性，保障学生的学习成果能够得到认可和应用；注重在线开放课程与就业市场的对接，培养学生的实际技能和就业能力，促进人才培养与社会需求的有效对接。政策目标的明确性对于在线开放课程的健康发展至关重要。只有通过不断地调整和完善政策目标，才能更好地引导在线开放课程的发展，促进教育的公平、创新和持续发展。

教育政策目标会随着问题和对象的变化而改变，政策问题的变化不仅受到客观因素的影响，还受到人们主观认识的影响。执行者和利益相关者对政策性质和内容的深入解读，会逐渐形成新的认识，发现问题与不足，提出主观性的政策调整要求。在线开放课程的政策目标，原本侧重于高等教育改革、提高教学质量和学生个性发展等宏观层面。然而，这些目标过于宽泛，未能为政策执行提供清晰指导。特别是随着在线开放课程主要由高校开展，政策面临着一些新的挑战。有必要对这些目标进行细化和完善。

政策应更加强调在线开放课程对学生学习能力的培养。学生的学习能力包括学习方法和技巧，以适应不同的教学模式，并满足专业知识的发展需求。在线开放课程强调学生在教师指导下的自主学习，更加注重培养学生的学习能力。政策应该明确强调培养学生的学习能力，并将其纳入政策实施目标，以确保政策目标的明确性。政策应将树立品牌优势、提高某一学科影响力作为在线开放课程的发展目标。随着国家精品在线开放课程名单的推出，各高校正在加强在线课程的建设，已经形成了一批优秀课程带动其他课程发展的目标，并取得了一定成功。政策应促使不同学校在统一标准下发挥自身品牌特色，提升优势学科的影响力。政策应该加强国家引导和协调，以促进教育公平。在线开放课程的建设需要信息技术的支持，但由于地区间发展水平不同，导致硬件设施投入存在差异，增加了教育公平实现的难度。国家应该在政策层面进行宏观规划，鼓励不同高校制定符合当地实际的发展目标，促进教育均衡化。

2. 在线开放课程政策的原则选择全面均衡

教育政策的原则是指导教育政策制定、教育政策执行与教育政策评价的标准选择，能够有效预防政策执行偏离正确的方向。教育政策的制定应当遵循效益原则、统筹原则、弹性原则与科学性原则。具体来看，教育政策的制定应当遵循效益原则，即根据社会实际做出符合经济、政治、文化、教育发展需要的内容，并且能够把握住良好的时机，根据情况进行修订，以适度的政策目标作为激励。对于在线开放课程而言，进入全面管理与发展的阶段，实现高等教育的内涵式发展成为新的要求，为信息技术与课程的深度融合提供了新的契机，在线开放课程应当以人才培养质量的提升为目标。教育政策的制定要符合统筹原则，即按照系统性的观点对教育政策问题进行全面分析，对各个部分与要素的关系进行梳理。在线开放课程的建设还涉及在线课程平台的选择、课程资源的知识产权问题，应当对版权问题进行明晰的规定。当前在线开放课程建设需要建立平衡机制，对不同课程类型的版权进行区分，在保证利益不受损的基础上实现资源的共享。

而版权问题是网络教育涉及的核心问题，应纳入在线开放课程建设的相关原则中。教育政策的制定要遵循弹性原则与科学性原则，即教育政策的制定应当坚持发展的眼光，具备一定的预见性与超前性。制定教育政策除了要参照专家团体的意见外，还应当参考其他群体的意见，坚持全局意识。在今后一段时期内，在线开放课程仍然会成为教学发展的趋势，也将面临新的教育问题，因此有必要以发展的眼光对可能的问题进行分析，并辅之相应的政策原则。

从当前在线开放课程政策的基本原则来看，主要包括立足自主建设、注重应用共享和加强规划管理三方面。这三个原则分别从在线开放课程的建设主体与资源分配、管理机制方面进行阐释，但是对于在线开放课程的核心，即课程内容与教学形式以及版权等问题并没有涉及。结合上述教育政策制定的相关原则及在线开放课程发展的新要求，本书认为，在线开放课程政策的原则选择应当在当前的基础上增加以下三个方面的内容，一是坚持差异性的原则。即对于不同的学校与地区的在线开放课程发展，以不同的标准进行规范。需要对当前在线开放课程的总体发展情况进行评测，划分出不同的发展等级；对在线开放课程整体发展较好的学校设立较高的标准，从对量的重视转向对质的重视。在2018年1月评选出的490门"国家精品开放课程"中，"双一流"大学占比高达70%以上，在进一步的政策调整中可以对这些高校的发展目标与计划进行较高层次的规定。例如，对精品课程的建设由单一的科目向多元化转型，以优势学科带动其他学科的发展，并提升对精品课程的评选质量要求。对原本在线开放课程的发展处于较低水平的学校而言，下一阶段的主要任务是提高在线课程的数量，并且加强对优质在线开放课程的建设经验进行学习。以差异性原则指导在线开放课程的政策内容设置，能够有效考虑地区间与校际间的差异，提高对资源的利用效率。

二是建立平衡机制，对课程资源的版权进行保护。在线开放课程通过网络平台进行展示和共享，无论对于技术，还是课程资源本身而言，都面临着在优质课程资源共享的同时，会产生一定的利益受损问题。应当建立相应的网络知识产权保护机制，对在线开放课程的分享、运用、扩散等行为所涉及的知识产权问题进行规定，对违反规定的侵权行为进行惩戒。同时对不同的课程设立不同的版权认定标准，在政策统一指导的基础上，制定出系列的方法和措施来保护在线开放课程的教学资源和技术。

三是在课程建设中以学生的需求为本。教育政策的科学性原则要求政策内容的制定不仅要以专家团体的意见为主，同时也要听取其他利益相关群体的呼声。学生作为在线开放课程这一教学模式的直接受益者，其对学习效果的满意程度直接反映了在线开放课程的实施状况。应当以学生对课程和教学的需求为课程建设的出发点，将学生对课程的要求纳入课程设置体系中，使在线开放课程能够贴近学生的实际情况。响应学生的需求成为教育教学发展改革的趋势，以学生为中心的教学思想逐渐成为主流，不仅在传统课堂中日益成为变革的重心，同时在网络教学中也日渐突出。实际上，在线课程建设以学生为中心的原则体现了在线开放课程发展的必然趋势，这符合教育改革的方向。

3. 实际上，在线课程建设以学生为中心的原则体现了在线开放课程发展的必然趋势，这符合教育改革的方向

教育政策的设计和执行需要考虑多个因素，其中包括政策的目标、环境因素以及实际执行中遇到的问题。针对在线开放课程的政策，当前的重点任务包括建设代表性课程和公共服务平台，以及对人员进行培训和完善学分认定与管理制度。然而，政策执行中存在诸多挑战，包括课程管理模式单一、评价监管机制不完善以及教学手段传统化等问题。为解决课程管理模式单一的问题，需要建立灵活多样的管理模式。随着在线开放课程的发展，涉及的学科和课程类型越来越多样化。管理模式应根据不同学科的特点进行区分，例如针对文科和理科课程采取不同的管理方案，以更好地满足各学科的需求。评价监管机制的不完善也是政策执行中的一大难题。在线开放课程的评价体系需要更加科学合理，既要考虑到知识掌握程度，又要注重学生的实际能力和综合素质。政府部门应加强对评价标准的制定和监督，确保评价过程的公正性和透明度，从而提高评价结果的准确性和可信度。

教学手段的传统化也是当前政策执行中的一个障碍。随着科技的发展，教学手段应该不断更新和创新，结合信息技术等现代工具，打造更具互动性和趣味性的教学环境。政府可以鼓励学校和教师开展教学方法的研究与探索，引入多媒体教学、远程教育等新颖教学方式，提升教学效果和学生学习的积极性。针对在线开放课程的政策执行面临诸多挑战，但也蕴藏着巨大的发展潜力。只有充分认识到问题的存在，并采取有力措施加以解决，才能推动在线开放课程事业迈上新的台阶，更好地服务于教育事业和社会发展的需要。

建立健全的课程监督管理机制至关重要。在线开放课程的实施需要涉及多方面的资源和支持，任何一方面出现问题都可能影响课程的质量和持续发展。需要建立专门的管理机构和人员，负责对课程实施过程进行监督和评估，确保课程的建设质量和使用效果。这意味着需要确立清晰的责任分工，明确监督管理机构的职责和权限，以及监督评估的标准和方法。只有通过有效的监督管理，才能及时发现问题，采取措施加以解决，保障在线开放课程的质量和持续改进。需要促进教学手段的改革与更新。在线开放课程的优势在于其以学生为主体的教学模式，但部分课程却趋向于传统化，未能充分发挥现代教育技术的优势。政策应强调教学手段的创新，借助现代技术手段，如交互式学习、虚拟实验等，培养学生的自主学习能力，从而更好地实现教育目标。这意味着要鼓励教师和课程设计者利用先进的教育技术，设计和开发创新型的在线课程，提高课程的吸引力和实用性，激发学生的学习兴趣和动力。

针对在线开放课程的政策需要综合考虑诸多因素，包括管理模式、监督机制和教学手段等。只有通过建立健全的管理机制，加强教学手段的改革与更新，才能确保政策的有效实施和课程的持续改进。这不仅有助于提高在线开放课程的质量和影响力，也能够更好地满足学生和社会的教育需求，推动教育事业的持续发展。

（二）在线开放课程政策执行的改进策略

在线开放课程政策的实施是一个动态的过程，需要根据现阶段的实际情况不断进行修正和完善。基于调查研究的结果，以下是针对政策执行过程中存在的问题提出的修改建议。在政策认知方面，应加强对在线开放课程政策的宣传和普及工作，提高相关人员对政策内容和目标的理解。通过举办专题讲座、发布政策解读等方式，加深对政策的认知，促进政策的贯彻落实。政府部门可以联合教育机构、企业和社会团体，共同开展宣传活动，向学校管理者、教师和学生等各方面传达政策意图和重要举措，使其能够深入了解政策内容，增强政策的执行效果。

在管理机制方面，建议建立健全在线开放课程的监管和评估机制，明确责任主体和监督机构，加强对在线课程内容的审核和评估，确保课程质量和安全。政府部门可以设立专门的机构或部门，负责在线开放课程的监管和评估工作，制定相应的管理办法和评估标准，建立健全的监管体系。同时，加强对在线课程平台和内容提供者的监督，确保其合法合规，杜绝不良课程和信息的传播。还可以鼓励建立第三方评估机构，对在线开放课程进行独立评价，提高评估的客观性和公正性。还应加强对在线开放课程的质量管理和服务保障，建立健全的投诉处理机制，及时处理用户反映的问题和意见，提高用户满意度和信任度。同时，注重对在线开放课程的持续监测和评估，及时发现和解决存在的问题，不断改进和完善政策执行效果，促进在线开放课程事业的健康发展。通过以上措施，可以更好地促进在线开放课程政策的贯彻落实，推动在线教育事业的发展，提升教育水平和服务质量。

再者，配套措施方面，应加大对在线开放课程平台的技术支持和资源投入，提升平台的稳定性和用户体验。这意味着需要持续改进和更新平台的技术架构，确保其能够满足日益增长的用户需求，并提供稳定可靠的服务。同时，加强对教师和学生的培训和指导也至关重要，以提高他们使用在线课程的能力和积极性。这包括为教师提供相关的教学培训和技术支持，帮助他们更好地设计和开发在线课程，以及为学生提供使用平台和课程的操作指导，引导他们充分利用在线资源进行学习。要更加注重学生本位，根据学生的需求和反馈，调整和优化在线课程的内容和形式。这意味着要建立起有效的反馈机制，及时收集学生的意见和建议，并根据其反馈对课程进行调整和改进，以提高课程的吸引力和实用性，促进学生的学习效果。这也需要加强对学生学习习惯和需求的调研，确保在线课程能够更好地满足他们的学习需求。应充分考虑校际差异化发展的情况，制定灵活多样的政策措施，充分发挥各地区、各类型院校的特色和优势，推动在线开放课程的健康发展。这意味着政策应当根据不同院校的实际情况，灵活调整在线开放课程的支持政策，充分发挥各地区、各类型院校的特色和优势，促进在线开放课程在全国范围内的均衡发展。

通过对政策认知、管理机制、配套措施、学生本位和校际差异化发展等方面的改进，可以更好地推动在线开放课程政策的执行，促进教育资源的共享和优质教育的普及。这不仅有助于提高教育的公平性和质量，也能够推动教育事业的持续发展。

1. 厘清政策内涵：提升对在线开放课程政策的科学认知

要保障在线开放课程相关政策的顺利开展，首要环节是确保教育政策执行者对政策内容形成科学的认识，在充分解读政策内涵的基础上，了解在线开放课程建设的重要意义。通过调查，笔者了解到，在线开放课程之所以在执行中产生了许多问题，最主要的原因是相关教育政策执行者缺乏对政策的清晰认知，为政策的顺利实施带来了阻碍。借鉴教育政策学对于政策执行者的定义，本书认为在线开放课程政策的执行者包括行政人、实施人和对象人。行政人作为将政策由国家传达到地方的主要执行团体，对政策内容的理解程度直接影响了下级机关的实施效率。对于行政人而言，一是应当对在线开放课程的政策内容进行深度学习，并进行不同层次的解读，出台相应的文件以示具体的说明。例如，在线开放课程政策中涉及学分互换与认证机制，行政人应当根据各地实际情况，对具体可以互换的高校及认证与互换的课时要求进行细致解读，并对在学分管理过程中可能产生的问题进行说明，使政策从宏观到具体，不同的问题都有章可循。二是加大在线开放课程政策的宣传力度，对在线开放课程涉及的管理权限问题、教育行政部门与学校的关系等问题进一步明晰，对政策适用的对象进行相应的规定。访谈中部分管理者表示，很多高校教师与学生对此政策处于模糊认知状态，甚至一些管理者也没有明确的认识。

针对实施人，即学校的管理人员和教师，也应加强对政策内容的理解和宣传。学校管理人员应在政策的基础上，制定具体的实施方案和措施，明确各方责任，推动政策的贯彻执行。教师则需要深入了解政策的目的和要求，积极参与在线开放课程的建设和实施过程，发挥自身专业优势，为学生提供优质的教学资源和服务。对于对象人，包括教师、学生以及其他利益相关群体，也应当加强对政策内容的了解和认识，积极配合政策的执行，共同推动在线开放课程事业的发展。只有政策执行者在充分理解政策内容的基础上，才能更好地推动政策的贯彻落实，实现在线开放课程建设的目标，促进教育的现代化发展。

可见，行政人应当加强宣传，厘清具体内容。例如，对在线开放课程所涉及的教学内容的管理权完全交给高校，但是涉及监管机制、网络条件等依托学校本身力量难以实现的部分由行政部门进行。实现分层管理，在以高校为主体的基础上真正实现政府支持。实施人和对象人作为高校内部的政策执行者，应积极进行政策学习和传达，并从以下两种思路加以落实：一是应当积极主动地学习相关政策内容，主动探寻在线开放课程对于高等教育改革的积极意义。于管理者而言，在线开放课程是促进高校转型的良好时机，是在信息化背景下实现教育教学改革的机遇，管理者应当抓住时机，对相关政策的内容进行深入学习。

于教师而言，在线开放课程的发展对他们提出了新的要求，如教学方式的转型、教学技能的完善、教学思想的丰富及师生关系的改变等，但同时也是一次实现自身更好发展的时机。教师应加强对在线开放课程政策中涉及教学内容的部分进行深入解读，努力促进教学转型。于学生而言，在线开放课程有助于自身学习能力的提升、学习角色的转变与学习技能的丰富，学生应积极响应在线开放课程发展的号召，充分认识政策中与学生学习相关的内容。

二是从实际出发，采取灵活多变的方式执行教育政策。实施人要将政策内容与本校的实际情况结合起来，在遵循政策相关原则的基础上，根据不同的条件贯彻落实，提高政策的可执行性。例如，精品课程建设问题，一些原本发展较好的高校可以适当提高课程质量，而原本在线开放课程发展较落后的高校应当提高课程数量。对象人则应当在学校管理者的领导下，积极配合政策的执行，保证政策的顺利实施。通过加强宣传，深入学习政策内容，以及灵活多变地执行政策，可以更好地促进在线开放课程政策的实施，推动高等教育的持续改革与发展。

2. 健全管理机制：改进在线开放课程政策实施的保障系统

对在线开放课程实施全程监管是确保政策内容得以更好贯彻的基础。建立健全的管理体制应从课程资源筛选、与传统学习方式的融合、教学过程监测以及效果评估等方面入手。必须加强对课程资源的筛选与管理，解决当前资源来源不明确的问题。高校应对网络课程来源进行严格选择，规范选取标准，并公布适合学生学习的课程信息。在线开放课程应妥善处理与传统课堂学习的关系，协调二者之间的冲突，确保学生能够充分融合两种学习方式的优势。全面监管将促进在线开放课程的健康发展，为学生提供更优质的学习体验。目前，由于在线课程与传统课程在学习方式、师生关系、课程内容等方面存在冲突，传统课程还未给个性化的在线课程学习留下足够的发展空间，导致在线课程的学习不够完全。学校应制定在线开放课程学习的奖励政策，鼓励学生积极参与在线课程的学习。对在线课程和传统课程可能产生的冲突进行调节，如将二者的优势进行结合，即把学生主体的思想引入传统课程中，将传统课堂师生交互运用到在线课堂中，促进知识的创新。

再次，在线开放课程教学过程的有效监督至关重要。当前，在线开放课程的教学过程中出现了多样的问题，因为缺乏及时的纠正而影响到了学习进程。本书建议学校建立专门的在线课程管理部门，配备包括技术人员、专家及有经验的教师在内的专业团队，根据以往的教学经验和教学案例，对教学中遇到的不同问题进行分析，并辅之相应的解决方案。在教学实践过程中，教师可以此为参考，减少因处理不及时而造成的问题。通过制定奖励政策鼓励学生积极参与在线课程学习，以及结合传统课程的优势与在线课程相结合，可以促进在线课程的发展和学习效果。同时，建立专门的在线课程管理部门，确保教学过程的有效监督和问题的及时解决，有助于提升在线课程的教学质量和学习体验，推动在线教育事业的健康发展。

应建立学校在线开放课程平台，定期公布对教学效果的评分，并对评分较高的课程给予物质奖励，建议调整评分较低的课程。在线开放课程的学分认证与管理应根据学生学习需求规定，根据调查显示，学生选择在线课程的动机不仅是为了学分，还包括个人兴趣和知识储备。平台应根据学生需求划分：对于出于兴趣学习的学生，不要求期末考试，退课也不受惩罚；对于追求学分的学生，需按时学习、提交作业，并通过考核获取学分。分类管理有助于满足不同学习者需求，促进在线开放课程的多样化发展。

3. 细化规范措施：完善在线开放课程政策执行的依据体系

当前在线开放课程相关政策相对较少，而在有限的政策体系下，对在线开放课程的建设与发展缺乏完善的规则约束。尤其是在跨校跨区域协调发展的背景下，课程学分的认证与管理变得复杂，需要针对不同情况采取不同方式规范。细化规范措施需要加强在线开放课程配套政策建设，包括规范课程建设标准、完善教师激励机制、细化学分认定与管理体系等方面。在线开放课程建设标准应完善教学内容与课程结构，确保质量。应完善教师激励机制，激发教师积极性，提高课程质量。需要细化学分认定与管理体系，考虑校际间和区域之间的差异，制定相应政策措施。这样才能更好地推动在线开放课程的发展，促进教育资源共享与优质教育服务的提供。

其中，教学内容包括视频、教学资料、课堂交流与互动、课后作业与测验考核等，各高校应当在不违背政策原则的基础上出台学校内部的规章制度，进一步细化教学内容。具体而言，对视频的技术要求、拍摄要求制定标准；对教学资料的范畴进行划分；对课后测验的题型与考核方式统一规定。学校应当出台具体的教师激励措施，其奖励方式可以根据教师教学课程的数量、教学效果及学生对教学的评价进行衡量。比如，对在线开放课程取得良好教学效果的教师奖励比普通教师多两倍的奖金，并进行精神激励，对表现优秀的教师进行表彰。同时妥善安排解决好教师的其他问题，免去他们的后顾之忧。

高校应当对在线开放课程的学分认定细则做出详细规定。对高校内部的课程按照课时数与是否进行考试做出区分，其中课时数较高且期末进行考试的课程能够获取较多学分；课时数较少并且期末考核的课程能够获取的学分较低，而那些不需要考试或考核的课程则不能获得学分。学分的高低需要以课程的难易程度和课时量来决定。通过以上措施，可以进一步规范和优化在线开放课程的教学内容、教师激励机制和学分认定细则，促进在线开放课程的健康发展，提升教学质量和学生学习体验。

对于跨校获取学分的情况，可以通过建立学分认证平台实现学分申请和期末考核的在线化。各高校可共同合作，形成优质课程分享系统，在网络上提供多样化的课程选择，满足学生不同的学习需求。完善配套的政策能够针对具体问题进行细致分配，有利于形成完善、细致的政策体系，使政策问题有法可依、有章可循。

4. 强调学生本位：优化在线开放课程教学的实践价值

在线开放课程的建设与发展旨在改进教育教学模式，满足学生的个性化发展需求。然而，当前在线开放课程在课程内容选取和教学过程生成方面未充分以学生为本。通过访谈，笔者发现，当前在线开放课程教学面临理论与实践两方面的挑战。在理论层面，存在相关理论基础不够完备、与教育教学理论联系不紧密的问题，导致学生的本位价值未能充分实现。在实践层面，缺乏必要的资源和技术支撑，教师的认同度较低，理论与实践的有效结合不足。解决这些挑战需要加强在线开放课程的理论研究与实践探索。一方面，要深化相关理论基础，加强与教育教学理论的融合，确保在线课程能更好地服务学生个性化发展。另一方面，要提供足够的资源和技术支撑，提升教师的认同度，促进理论与实践的有效结合。这样才能推动在线开放课程教学向更高水平发展，更好地满足学生的学习需求。

针对这些问题，在线开放课程政策在执行中应当加强课堂教学形式的转型、教学策略的多元建构、教学评价侧重实践能力几方面策略的实施。在线课堂教学的形式应当区分于传统教学，将学生的主体地位放在至关重要的位置。在线开放课程要突破师生角色的限制，共建自我认知体系，以学生为主体、以教师为主导，从而走向互教互学的学习共同体。教学策略的选择要由单一走向多元。教师的角色得以扩展和延伸，成为学科的引导者、学习方法的咨询者和目标达成的监督者，教学策略转为学生中心的选择导向。教学评价应从对学习结果的关注转变为对实践能力的重视。学生学习的目的是解决实际问题，将理论应用于实践中。当前在线开放课程教学中未充分突出实践能力的培养，导致学生所学知识过于理论化，不利于知识的应用与迁移。培养学生的实践能力是将理论学习与问题解决能力相结合的有效途径。理论学习有助于掌握科学的学习理念与方法，而实践能力的培养涵盖了学生品行道德、思维方式、情感态度等多方面的发展。

在在线课程中，教师应加强实际案例的引入与讨论，让学生在思考与互动的过程中发掘自身潜力。通过建立平等互动的课堂环境，构建学习共同体，促进学生主体意识的觉醒和反思重构，以促进学生全面发展。这意味着教师应注重设计具有挑战性和实践性的教学任务，激发学生的学习兴趣和动力，引导他们在实践中探索、思考和解决问题，从而培养其实践能力和创新精神。将实践能力的培养作为在线开放课程教学的重点，有助于提升学生的综合素养和解决问题的能力，为其未来的学习和职业发展奠定坚实基础。

5. 权衡校际差异：推动在线开放课程的特色建设与持续发展

教育政策的执行应该具备灵活创新的特点，即在不违背政策原则的前提下，根据实际情况进行灵活选择。通过调查，笔者发现当前在线开放课程的政策内容主要是从宏观层面做出整体部署，然而不同高校的教育发展水平存在差异，因此需要进一步进行具体规划。针对不同高校的实际情况，可以采取差异化的政策措施，以满足其特定的发展需求。例如，对于教育发展较为成熟的高校，可以给予更多的自主权和发展空间，鼓励其在在线开放课程方面进行探索和创新；而对于教育发展较为滞后的高校，则可以提供更多政策支持和指导，帮助其加快发展步伐，缩小与先进高校之间的差距。教育政策执行的灵活性和创新性对于推动在线开放课程的发展至关重要，需要根据不同高校的实际情况进行差异化的政策制定和执行。

在全面建设与管理在线开放课程的阶段，国家提出了"高校主体，政府支持"的发展要求。高校应发挥主导作用，促进在线开放课程的特色建设。高校需要解决在线开放课程的经费投入、硬件设施、师资队伍建设等问题。针对当前教育经费投入不足的情况，高校应进行合理规划，建立专款专用机制，将适当经费投入在线开放课程教学，为硬件设施建设创造资金基础，并用部分资金奖励表现优异的教师。同时，高校还应加强师资队伍建设，提升教师的在线教学能力和专业水平。这包括开展在线教学培训、引进优秀的在线教育专家，以及激励教师积极参与在线开放课程的设计与实施。通过高校主体的努力与政府的支持，可以推动在线开放课程的发展，提升教育教学质量，促进教育的公平与普及。

在调查中发现，目前从事在线开放课程的教师仍然会因技术问题而阻碍教学进展，这就需要高校建立一支专门的技术与教学团队。其中，技术团队负责在线开放课程的录制、剪辑及后期的制作工作；教学团队由具有丰富教学经验的主讲教师和助教组成，教师主要负责课程内容的讲解，助教则根据需要，在学生讨论与测验等环节进行操作上的协助。在课程建设方面，高校应结合自身的学科优势，形成独具特色的在线课程。伴随"双一流"建设的高等教育发展趋势的加深，一流学科的评选成为衡量优质学科的重要标准。在高等教育教学改革背景下，将一流学科与在线开放课程相结合能够有效发挥优质资源的影响力度。例如，具备一流学科条件的高校可以将优秀课程上传到网络上，供其他高校学习与借鉴。不同的学校在自身优势学科的基础上发展在线开放课程，形成特色优势，促进在线开放课程形成一个完善的课程系统。

国家应提供相应的支持体系，为在线开放课程的持续发展提供条件。一方面，各地政府应对经费紧张的高校提供帮助与支持，包括资金和硬件设施的扶持，以及教师团队培养的协助。这样做可以确保相关高校的在线开放课程建设不会受制于资金和技术的限制。国家应在权衡地区发展差异的基础上形成帮扶制度，引导在线开放课程发展水平较好的高校对较弱的学校进行支持，并在技术与课程建设方面提供帮助。

另一方面，国家可以采取优秀教师流动协助制度，鼓励优秀教师对其他高校教师进行教学方式的指导，促进在线开放课程的持续发展。通过这种方式，可以有效地利用教师资源，提升教学水平，推动在线开放课程的质量和影响力不断提升。国家应建立完善的支持体系，为在线开放课程的持续发展提供条件，包括资金、技术和教师培训等方面的支持。这样可以促进在线开放课程的普及和提升，更好地满足社会对高等教育的需求。

第三章　高校学生管理理念

第一节　大学生管理的内涵与价值

大学生管理是高校为培养人才而进行的一项特殊管理活动，涵盖课程设置、生活指导、思想引导等方面。它旨在引导学生全面发展，塑造积极向上的人格，培养创新精神和实践能力。通过学生管理，高校能够促进学生自我管理和自我教育能力的提升，培养他们成为德、智、体、美全面发展的社会栋梁。

一、大学生管理的内涵

研究大学生管理需要明确其内涵。大学生管理是指针对大学生的组织、指导和引导，以促进其全面发展和健康成长的活动。其特点包括涉及青年群体、多样化需求和复杂性；目标在于培养德智体美劳全面发展的高素质人才，促进其自我管理和社会适应能力的提升。

（一）大学生管理的含义

管理是管辖、处理的意思。在不同的视角下，人们对管理有不同的理解和解释。管理学界也有多种定义：有的强调管理职能和过程，认为管理是计划、组织、指挥、协调和控制的过程；有的注重管理的协调作用，认为是对人与物质资源的协调活动；有的突出人际关系和行为，认为是协调人际关系以达成共同目标的活动；有的将管理等同于决策；还有的从系统论角度看待，认为是通过影响系统实现新状态的过程。综合各种观点，管理可以概括为在社会组织中，通过决策、计划、组织和控制，有效利用各种资源以达成目标的一种活动。

大学生管理作为高等学校管理的重要组成部分，具有管理的一般本质，同时也有其特殊本质。其特殊之处主要表现在以下几点。大学生管理是在高等学校这一特定的社会组织中进行的。任何管理活动都是在一定的社会组织中进行的。高等学校是系统培养专门人才的社会组织，大学生的教育和培养是其首要的和基本的任务。大学生管理也就是高等学校为实现这一任务而进行的特殊的管理活动。大学生管理的目的是实现高等学校的人才培养目标，促进大学生的全面发展。管理总是有一定目的的，管理的目的就是要实现一定社会组织的某种预定目标。世界上既不存在无目标的管理，也不可能实现无管理的目标。大学生管理作为高等学校人才培养工作的一个重要环节，其目的就是要实现高等学校在人才培养方面的预定目标，促进大学生的全面发展，使之成为德智体全面发展、富有创新精神和实践能力的中国特色社会主义事业的建设者和接班人。大学生管理的实质是要有效地利用学校的各种资源，为大学生的成长成才提供指导和服务。大学生管理的任务是要为大学生顺利完成学业、健康成长成才提供各方面的指导和服务，包括对大学生行为和大学生群体的引导、为家庭经济困难学生提供的资助服务等。为此，就需要通过科学的决策、计划、组织和控制，有效地利用学校的各种资源，包括人力、物力、财力、时间和信息等。所谓大学生管理，也就是指高等学校为实现人才培养目标，促进大学生全面发展，通过决策、计划、组织和控制，有效地利用各种资源，为大学生成长成才提供各种指导和服务的社会活动过程。

（二）大学生管理的特点

大学生管理是高等学府为实现人才培养目标提供的特色服务，具有显著特点。它不仅注重学业指导，更关注个性发展与心理健康；以学生为中心，提供个性化辅导与资源支持；融合教育、职业规划与生活指导，促进学生全面成长。这种服务以培养自主、创新、负责任的人才为目标，强调学生的主体地位与个性发展，助力其在学业和生活中实现自我价值。

1. 突出的教育功能

大学生管理是高等学校人才培养工作的重要组成部分，具有管理和教育的属性，突出的教育功能体现在以下几个方面。大学生管理目标服从和服务于大学生教育目标。大学生管理活动的目标必须与大学生教育目标一致，以确保学生圆满完成学业。

管理目标的实现有赖于教育目标的实现，故大学生管理活动必须对学生教育目标进行贯彻和体现。

教育方法在大学生管理中起着重要作用。教育方法是现代管理活动中最常用的手段之一，因为管理活动涉及人，而人的活动受思想意识支配。大学生管理必须注重运用教育手段，增强实效性，同时也为其他管理方法的实施提供基础。大学生管理过程是教育学生的过程。大学是教育培养专业人才的地方，其所有工作都应对学生起到良好的教育和影响作用。大学生管理过程中所体现的理念、精神和方法都会对学生产生潜移默化的影响，直接影响着学生思想品德的形成和发展。

大学生管理在实现教育目标、运用教育方法和教育学生过程中发挥着重要作用，是高等学校人才培养工作不可或缺的组成部分。

2. 鲜明的价值导向

大学生管理为社会培养人才服务，受经济基础、政治制度和意识形态影响。必然具有鲜明的价值导向，反映社会主义核心价值观。目标、体制和形式皆受制于社会条件，直接塑造学生的价值观。我国高校肩负社会主义人才培养使命，大学生管理应坚持社会主义价值导向。管理要服务于社会主义建设，促进学生树立正确的社会主义核心价值观，实现价值观的形成、变化和发展。

大学生管理的价值导向首先在管理目标中得以体现。管理的目的性是人类实践活动的基本特征，而这一目的性总是承载着特定的需要和对实践对象的认知与判断，因此直接反映了一定的价值观念。大学生管理的目标体系是基于特定的价值观念确定和设计的，贯穿于管理活动中，既影响着管理者的行为，也塑造着大学生的日常行为。例如，建立和维护良好的教育教学和生活秩序就体现了"有序"价值，促进了大学生形成相应的观念。同时，大学生管理是教育的重要环节，涉及着为谁培养人、培养什么样的人等核心问题。在中国特色社会主义阶段，大学生管理目标必然体现社会主义核心价值体系，以实现国家建设的共同理想为导向，塑造符合社会主义发展需求的人才。

大学生管理的价值导向在管理理念和管理制度中得到明显体现。管理理念是大学生管理的指导思想，直接影响管理原则和方法。这些理念通常体现社会的先进价值观念，如"以人为本"的理念就贯彻了党的价值观念，强调关心、尊重、依靠、发展和为人服务，对学生正确认识人的价值、确立"以人为本"的观念产生积极影响。管理制度是大学生管理的基本手段，是规范化、制度化和法治化的保障和标志。这些制度制定在一定的价值观念指导下，明确要求学生的行为规范和行为准则，包括鼓励和奖励良好行为、反对和惩罚不良行为。例如，教育部制定的《高等学校学生行为准则》明确要求学生树立志向、热爱祖国、勤奋学习、遵纪守法、诚实守信等，这些要求明显体现了社会主义的价值导向。大学生管理的价值导向在管理理念和管理制度中得到充分体现，直接塑造着大学生的行为准则和价值观念。

3. 复杂的系统工程

大学生管理是一项需要系统化思维的复杂工程。与其他管理活动类似，它需要综合考虑各种因素，包括整体性、层次性、动态性和开放性。整体性意味着要将学生管理视为一个统一的整体，而不是孤立的事件。层次性要求管理者在不同层次上进行有效管理，包括个人、小组、院系以及整个校园。动态性表明管理必须随着时间和情境的变化而不断调整。开放性要求管理者与外部环境保持联系，不断获取信息和资源。

然而，大学生管理又具有其特殊的复杂性。大学生的心理、生理、学业和社交等方面需求各不相同，管理者需要考虑到这些差异性。同时，大学生群体具有活跃性和创造性，管理者需要激发他们的潜能并引导其发展。现代大学生管理还需要应对新兴的挑战，如网络安全、心理健康等问题，这要求管理者具备跨学科的知识和技能。大学生管理是一项充满挑战的系统工程，需要管理者具备系统思维、创新能力和应变能力，以应对不断变化的环境和需求。

第一，大学生管理的任务是复杂的，既要围绕大学生的中心任务，加强对学生学习行为和实践活动的管理和引导，又要关注大学生的健康成长，加强对日常行为包括交往、消费、网络等方面的管理和引导，及时发现、纠正和处理异常行为。还需要在校园内加强安全管理和引导，同时为校外安全提供必要的指导和监督。对全体学生的奖学金评定工作也需认真执行，以激励学习积极性，同时做好家庭经济困难学生的资助工作，帮助他们顺利完成学业。大学生管理贯穿专业学习和日常生活的各个方面，是大学生培养工作的重要组成部分，其任务是复杂而艰巨的。

第二，大学生具有明显的差异和鲜明的个性，这使得大学生管理变得复杂而具有挑战性。管理的对象是大学生，他们在精神世界、思想感情、气质、性格、兴趣爱好和习惯等方面各不相同。即使是同一年级、专业、班级的学生，由于生活条件和经历不同，其思想行为也会呈现出各自的特点。同时，大学生普遍追求个性的自由发展和完善，崇尚个性。同一学生在不同成长阶段也会表现出不同的特点。大学生管理不能采取完全统一的要求、规格和程序，而应该根据学生的个性特点，因材施教，因势利导，有针对性地开展工作。这使得大学生管理具有特殊的复杂性。

第三，影响大学生成长的因素是十分复杂的。大学生管理的目标是促进大学生的健康成长，这不仅受到学校教育因素的影响，还受到外部环境因素的影响。外部环境的构成因素十分繁杂，涵盖了社会、自然、物质、精神、经济、政治、文化、国际、国内、家庭以及学校周边社区等各个方面的因素。特别是随着信息技术的迅速发展，大学生可以轻松获取来自世界各地的信息，使得影响他们思想行为及成长的环境因素更加广泛和复杂。

外部环境对大学生的影响也是多方面的。其影响的性质多种多样，既有积极影响，也有消极影响，并且二者常常交织在一起。同样的环境因素可能对不同的大学生产生不同的影响。影响的方式也十分多样，可以是直接的或间接的，显性的或隐性的，通过对思想情感的熏陶或对行为的约束等方式产生作用。在大学生管理过程中，管理者需要善于正确引导大学生的学习和生活，同时正确认识和有效调控各种环境因素对大学生的影响，最大限度地利用其积极影响，防止和抵御消极影响。这是一项十分复杂的工作，需要管理者具备丰富的经验和敏锐的洞察力。

4. 显著的专业特色

大学生管理传统上是经验性的事务型工作，但由于其特殊的管理对象、内在规律和方法体系，必须形成专业视角、使用专业方法、建立专业研究模式。大学生管理工作具有很强的专业性。

第一，大学生管理有其特殊的管理对象。大学生管理的对象是大学生，而大学生则有着区别于一般管理对象的显著特点。一是大学生是具有高度自觉能动性的人，大学生具有强烈的自主意识、突出的独立意向和较高的智力发展水平，崇尚独立思考，要求自主自治。在大学生管理过程中，大学生不仅仅是接受管理的对象，也是积极活动的主体。对于管理的要求和规章，对于管理者施加的指导和督促，他们总要经过自己的思考，做出自己的评价、选择和反应。更重要的是，他们还会主动积极地参与到管理活动中来，自觉地接受管理和实行自我管理。这就要求在大学生管理中必须着力激发和引导大学生的自觉能动性，使他们能够自觉地顺应大学生管理的目标和要求，主动接受管理，积极开展自我管理。二是大学生是正处于成长和发展关键时期的人。

他们的心理日趋成熟但还尚未完全成熟，智力迅速发展，情感日益丰富，自我意识显著增强，但又存在着诸如理智与情绪的矛盾、自我期望与自身能力的矛盾等心理矛盾。他们正处于思考、探索和选择之中，世界观、人生观和价值观正在形成，思想活动具有显著的独立性、敏感性、多变性、差异性和矛盾性。他们即将走上社会，正在做进入职场、全面参与社会劳动实践的最后准备。可见，大学生有着既不同于少年儿童，又区别于成人的特点。同时，也正由于大学生还处于趋向成熟的过程中，在他们身上又蕴藏着各方面发展的极大的可能性，有着发展的巨大潜力。这就要求在大学生管理中，要针对大学生的特点，切实加强并科学实施对大学生的指导和服务，以促进他们健康成长，并使他们的身心获得最佳的发展。三是大学生是以学习为主要任务，并在教师的指导下进行自主学习的人。大学生的主要职责是学习，大学生的学习是由教师指导的，按照一定的制度和规定，有目的、有计划、有组织地进行的；同时，大学生可以按照学校的有关规定自主地选修课程，自主地支配大量的课外学习时间。大学生的学习不仅需要掌握科学的学习方法，而且需要高度的学习自觉性和有效的自我管理。这就要求大学生管理紧紧围绕大学生的学习任务，切实加强对大学生学习行为的指导和管理。

第二，大学生管理具有其独特的内在规律，主要源自大学生管理自身的特殊矛盾。这种特殊矛盾指的是社会对专业人才的需求与大学生行为要求之间的不一致。这种矛盾贯穿于所有大学生管理活动中，决定了其整体方向。它构成了大学生管理的核心矛盾，也是其与其他社会实践活动的主要区别。大学生管理不仅需遵循一般管理规律，还必须考虑其特殊规律。对大学生管理的特殊规律需要进行深入的探索和研究，大学生管理理论的任务就是揭示这些特殊规律。

第三，大学生管理有其独特的方法体系。这一体系的独特性源于其管理对象和管理规律的特殊性。由于大学生管理工作所涉及的范围极为广泛，具有高度的综合性，管理者需要掌握多个学科领域的理论方法和技术，包括但不限于管理学、教育学、心理学以及社会学等。然而，大学生管理的方法体系并非简单地将这些学科方法和技术简单拼凑和机械相加而成。相反，它需要在对这些学科理论、方法和技术进行系统掌握的基础上，根据大学生的特点，依据大学生管理的特殊规律和具体实际，将它们有机地结合起来，综合运用于管理实践之中。大学生管理形成了自己独特的方法体系，这一体系的建立需要充分考虑到大学生的特殊需求和情况，以实现管理的有效性和可持续性。

(三) 大学生管理的目标

大学生管理目标是实施大学生管理活动所要达到的预期结果。它是大学生管理过程的指向、核心和归宿，直接影响着大学生管理的方向和任务，以及所采取的手段和方法。科学地确定并正确地把握大学生管理的目标，是实施大学生管理的前提，也是提高大学生管理效益的关键。通过明确定义和积极追求管理目标，可以帮助管理者更好地组织资源、制定策略，并有效地指导和激励大学生的发展与成长。在大学生管理实践中，不断审视和调整管理目标，以适应不断变化的环境和需求，是至关重要的。

1. 确定大学生管理目标的依据

大学生管理目标作为大学生管理活动所要达到的预期结果，其形式是主观的，但它的确定并不是主观随意的。相反，它是围绕高等学校的人才培养目标、依据社会发展的客观要求和大学生自身发展的客观需要而制定出来的。

第一，高等学校的人才培养目标是确定大学生管理目标的直接依据。高等学校的人才培养工作是一项复杂的系统工程，而大学生管理则是这一系统的重要组成部分。其目的在于通过为大学生提供各种指导和服务，以确保学校人才培养目标的实现。大学生管理目标的确定必然以高等学校的人才培养目标为依据。实际上，大学生管理目标就是高等学校人才培养目标在大学生管理领域中的具体体现和实施。

第二，社会发展的客观要求是确定大学生管理目标的根本依据。高等学校的人才培养目标实质上受到社会发展需求的影响。同时，大学生的发展趋势和整体状况也主要取决于社会发展状况及其对人才素质的要求。大学生管理的核心任务在于引导和帮助他们充分利用社会提供的条件，以适应社会发展的客观需求。

中国当前正处于社会主义初级阶段，其历史任务是以经济建设为中心，坚持四项基本原则，推进改革开放，自力更生，艰苦奋斗，实现国家富强、民主、文明、和谐、美丽的社会主义现代化强国目标。这一发展目标要求全面发展德智体美劳等方面的专门人才。我们制定大学生管理目标的根本依据就是国家社会主义事业发展的客观需求。

第三，大学生管理目标的确定需要同时考虑社会发展的需要和大学生自身的发展需求。大学生是处于发展阶段的个体，拥有独特的思想、兴趣和理想。社会主义和共产主义追求个性的自由发展，因此大学生管理目标必须体现他们的个人发展需求。大学生不仅是管理的对象,也是能动的主体。管理目标的实现取决于是否能激发大学生的自我管理能力和积极性。管理目标必须反映大学生自身的发展需要,才能转化为他们内在的追求,激励他们自觉地进行自我管理,并持续努力前行。

2. 大学生管理的目标体系

大学生管理的总目标是确保高等学校的正常教育教学秩序和生活秩序,以及保障学生的身心健康,促进其德、智、体、美全面发展。为实现这一总目标,教育部颁布了《普通高等学校学生管理规定》,这是对当前我国普通高等学校学生管理的总体指导。这些规定旨在建立一个有序、安全、健康的学习和生活环境,为学生提供良好的成长条件。其中包括但不限于制定学校规章制度,加强学生教育管理,推动校园文化建设,完善安全保障措施等。总目标的达成需要各项分目标的有序实施,如加强学风建设、促进学生心理健康、提升教师管理水平等,这些分目标共同构成了大学生管理的目标体系。大学生管理的总目标和分目标相互依存、相互促进,共同推动着高校学生管理工作的不断完善和发展。

第一,维护高等学校正常的教育教学秩序和生活秩序是大学生管理的直接目标。任何管理活动的直接目标或第一个目标都是建立和维护组织的正常秩序。事实上,管理活动的产生首先就是为了规范和协调人的行为,以使组织的各项活动能够围绕组织的目标,按照一定的制度和规定有条不紊地进行。这就像一个乐队总要有一个指挥,而指挥的目的首先就是要使乐队全体成员的演奏都能够按照乐谱的规定和要求有序地进行。同样,大学生管理的直接目的也就是要引导、规范和调控大学生的行为,建立和维护高等学校正常的教育教学和生活秩序,以使学校的各项教育教学活动和学生的学习与生活能够有序地进行。

第二,保障学生的身心健康是大学生管理的基本要求。身心健康包括生理健康和心理健康,它们相辅相成,构成了人的全面发展的基础和内在要求。生理健康为心理健康提供了物质基础,而心理健康则是生理健康的精神支柱。一个人若缺乏强健的体魄、振奋的精神和坚强的意志,便难以实现全面发展,也无法成为社会需要的高素质人才。特别是在当代中国,大多数大学生是独生子女,承载着社会和家庭的高期望。他们具有较高的自我定位和成才欲望,但由于缺乏丰富的社会阅历和尚未成熟的心理发展,容易出现情绪波动。随着经济社会的发展和各项改革的实施,大学生面临的社会、家庭和学校环境变得更加复杂,学习、就业、经济和情感等方面的压力也越来越大，这不可避免地影响到他们的心理和生理健康。

加强大学生管理，为他们提供必要的指导和服务，保障其身心健康，具有十分重要的意义。只有在身心健康的基础上，大学生才能更好地面对挑战，充分发挥自己的潜能，成为社会需要的全面发展的人才。促进学生德智体美全面发展是大学生管理的根本目标。这一理念一直是具有远见卓识的教育家所追求的目标。办好人民满意的教育，培养德智体美全面发展的社会主义建设者和接班人，是高等学校人才培养的根本目标。作为高等学校人才培养体系的重要组成部分，大学生管理当然应该以促进学生德智体美全面发展为自身的根本目标。

第三，大学生管理的分目标具有复杂多样性，主要有以下几种类型：

（1）大学生管理涉及多个方面的工作内容，因此需要确定针对不同领域的分项管理目标。大学生管理的总目标通过分解到各具体工作领域中，以实现整体目标。具体来说，大学生行为管理的目标是引导学生自觉遵守行为规范，养成良好习惯；大学生群体管理的目标是培养积极向上的群体文化，组织丰富多彩的群体活动，促进学生成长；大学生安全管理的目标是确保校园安全稳定；大学生资助管理的目标是为贫困学生提供经济支持，促进其健康成长。

（2）大学生的培养过程具有明显的阶段性，因此需要根据不同阶段的特点和学生的需求来确定阶段性管理目标。在本科生管理方面，针对不同年级的学生，应制定具体的管理目标以促进其全面发展。在一年级，重点是引导学生实现角色转换，尽快适应大学的学习和生活。这包括帮助他们建立良好的学习习惯和生活方式，培养积极的学习态度，促进他们融入大学生活，并理解并接受新的学术要求和社会环境。

在二年级，重点是引导学生根据社会需要确定自己的奋斗目标，做出初步规划，并全面提高自己的知识素养和能力。这一阶段的管理目标包括激发学生的求知欲和创新精神，帮助他们认清自己的兴趣和特长，并在此基础上积极参与学科竞赛、科研活动等，提升综合素质。然后，在三年级，重点是引导学生认识自身素质与社会需求的差距，抓紧时机，完善自己，提升自我。这需要通过评估和反思自己的学习和发展情况，制定个人成长计划，并积极参与社会实践、志愿活动等，提升社会责任感和综合竞争力。

在四年级，重点是引导学生客观全面地分析自身情况，为以后的发展做好充分准备。这包括帮助他们进行职业规划和就业准备，培养创新精神和实践能力，提升综合素质，为未来的学习和工作做好充分准备。针对本科生不同年级的特点和需求，制定了相应的阶段性管理目标，以促进他们在大学期间的全面发展和成长。

（3）按大学生管理主体的具体分工而确定的具体工作目标是大学生管理目标的实现关键。在大学生管理工作系统中，每一个部门、每一位管理者，都有其特定的工作领域和工作职责。为了充分发挥所有部门和全体管理者的作用，并使他们紧密配合、形成合力，就要把大学生管理的总目标层层分解并落实到各个部门和各位管理者，形成部门和管理者的具体工作目标，如学生工作部（处）工作目标、学校团委工作目标、教务处学生管理工作目标、学生会工作目标、辅导员及班主任工作目标等。并使他们各司其职，相互配合，形成管理合力。只有这样，才能引导和协调学校中各方面的力量，以保证大学生管理总目标的实现。

二、大学生管理的价值

全面认识大学生管理的价值是大学生管理研究的重要课题，也是切实加强和改进大学生管理的重要思想基础。大学生管理对社会进步、高等学校发展和大学生成长成才都具有重要的意义和价值。

（一）大学生管理价值概述

价值最初是经济学的一个概念，随着商品生产的兴起而产生。在经济学领域中，价值指的是凝结在商品中的无差别的人类劳动。然而，如今，价值的概念已经广泛应用于社会政治、法律、道德、科技、教育和管理等各个领域，成为人们评价一切事物的普遍范畴。价值的概念在哲学上也具有了新的内涵，表示客体对于主体的作用和意义，反映了客体的属性和功能与主体的需求之间的特定关系。

在哲学意义上，价值是客体属性和功能对主体需要的满足关系，是一个关系范畴，不能离开主客体中的任何一方而存在。一方面，价值与主体密切相关，主体的需要是衡量价值的尺度，只有能够满足主体需要的事物或对象才具有价值；另一方面，价值也与客体紧密相连，客体的属性和功能是价值的载体。价值的实质即是客体的属性和功能对主体需要的满足。

大学生管理的价值即是指大学生管理对社会、高等学校和大学生本身所具有的作用和意义。这包括大学生管理的属性和功能对社会进步、高等学校发展以及大学生的成长和成才需求的满足。大学生管理的客体是大学生管理本身，其属性和功能包括对大学生的成长发展、高等学校教育目标实现以及培养社会合格人才的作用。大学生管理的主体包括社会、高等学校和大学生。高等学校是大学生管理的实施者，大学生管理的价值需要与实现教育目标相结合。同时，高等学校的教育目标又是根据社会对专门人才的需求和大学生自身发展需求制定的。社会、高等学校和大学生都是大学生管理的主体。大学生管理价值的体现即是大学生管理的属性和功能对这些主体需求的满足关系。

大学生管理价值有以下显著特点。

第一，大学生管理对于价值主体的作用具有直接性与间接性。直接性指大学生管理能够不经过中介环节直接作用于价值主体，以满足其特定需求。通常情况下，大学生管理对学生的影响和作用是直接发生的。而间接性则指大学生管理需要通过一定的中介环节才能间接作用于价值主体，以满足其需求。一般来说，大学生管理对社会的影响和作用通常是通过对学生的影响和作用而间接发生的。

第二，大学生管理价值的实现具有即时性与积累性的特点。即时性指的是大学生管理活动在短时间内能够快速达到目标，满足价值主体的某种需求。例如，及时办理新生中家庭经济困难学生的助学贷款，确保他们能够顺利入学并安心学习；以及及时处理学生中发生的突发事件，维护学生的安全和校园的稳定等。这些措施都能在短时间内产生积极的效果。

而积累性则指的是大学生管理往往需要经历一个较长的过程，通过长期的工作积累才能达到目标，满足价值主体的需求。例如，建立良好的教育教学秩序需要长期的努力和沉淀，以满足高等学校人才培养工作的需要；培养学生良好的思想品德和行为习惯也需要长期的教育和引导，以满足社会发展和学生个人成长的需要。这些目标的实现不是一蹴而就的，而是需要通过长期的持续工作来逐步实现。

大学生管理既需要在紧急情况下及时采取有效措施，满足当下的需求，又需要在长期的积累中不断提升管理水平和成效，以实现更广泛、更深远的价值目标。

第三，大学生管理的价值具有受制性和扩展性。受制性指的是大学生管理价值的实现受到其他因素的影响。因为大学生管理的价值在于促进大学生的成长成才，而大学生的发展受到高等学校内外部因素的影响。大学生管理的效果会受到其他因素的制约。若其他因素与大学生管理的方向一致，那么大学生管理的效果会更容易实现，其价值也更易体现；反之，若其他因素与大学生管理的方向不一致，则大学生管理的效果会受到限制，其价值也难以实现。

而大学生管理价值的扩展性指的是大学生管理能够通过影响大学生的行为和影响力来对高等学校内外部环境产生影响，从而拓展其自身的价值。举例来说，大学生管理通过鼓励和支持学生的科技创新和创业活动，激发了学生的积极性，这势必会促进学校的教学创新，提升学生的科技创新和创业能力。又如，大学生管理通过引导学生的日常行为，培养他们遵守公共道德规范、维护公共秩序和环境卫生的习惯，这将积极地影响学校周边环境的改善。大学生管理的价值既受到外部因素的制约，又具有通过影响内外部环境来扩展自身价值的特点。

第四，大学生管理的价值具有系统性和开放性。系统性表现在其包含多种维度和类型的内容，分为社会价值、高校集体价值和个体价值。社会价值指大学生管理对社会运行和发展的影响，高校集体价值指其对高等学校运行和发展的意义，而个体价值则指其对大学生个体成长和发展的意义。这些价值形态上可分为理想价值和现实价值，以及正向价值和负向价值，以及高价值和低价值等。

另一方面，大学生管理的价值具有开放性，即其价值会随着价值主体需求和管理功能的变化而变化。随着社会的发展，大学生管理服务对象的需求在不断变化，这将促使大学生管理的功能发生相应的变化和发展。例如，随着计算机网络的发展，大学生管理必须加强对网络活动的管理和服务，从而使其管理的价值拓展到网络空间。

（二）大学生管理的社会价值

大学生管理的社会价值体现在其作为培养中国特色社会主义建设合格人才的重要手段和构建社会主义和谐社会的内在要求上。大学生管理通过引导、教育和培养大学生，促进其全面发展，使其具备适应社会需求的各方面素质和能力，从而为建设中国特色社会主义提供了重要的人才支撑。大学生管理注重培养学生的社会责任感、团队合作精神和创新能力，有助于塑造积极向上、和谐相处的社会氛围，促进社会的稳定与发展。大学生管理不仅是教育系统的一项基本任务，更是社会进步和发展的重要保障，具有深远的社会意义和价值。

1. 培养合格人才的重要手段

中国特色社会主义事业的发展需要数以亿计的高素质的劳动者、数以千万计的专门人才和一大批拔尖创新人才。高等学校作为人才培养的重要基地，其核心任务是为中国特色社会主义建设培养合格的专门人才。在这一过程中，大学生管理成为高等学校人才培养工作的重要手段，发挥着不可或缺的重要作用。

第一，维护正常的教育教学秩序是高等学校教育教学工作的内在要求和基本条件。在高等学校的教育教学活动中，按照一定的制度和规章有目的、有计划、有组织地进行，因此建立和维护正常的教育教学秩序必须依靠严格的、科学的管理，其中大学生管理发挥着特殊的重要作用。

严格的学籍管理是建立正常教育教学秩序的基础。通过按照一定制度和规定有序地进行学生入学与注册、课程和各种教育环节的考核与成绩记载、转专业与转学、休学与复学、退学、毕业与结业等各项工作，可以确保教育教学活动的有序进行。实施系统的学习管理是关键所在。引导学生明确学习目的，提高学习的主动性和自觉性，规范学生的学习行为，督促学生自觉遵守学习纪律和考试纪律，形成良好的学风，是建立正常的教育教学秩序的关键。

加强对学生班级、学生社团等学生群体的管理也是非常重要的。引导学生紧紧围绕学校的教育教学目标，有序地开展班级活动、社团活动和其他课余活动，有助于营造良好的学习氛围和校园文化，从而有利于维护正常的教育教学秩序。大学生管理是建立和维护正常的教育教学秩序的重要保证。只有通过有效的大学生管理，才能确保教育教学活动的顺利进行，学校教育教学秩序的正常维护。

第二，大学生管理在激励、指导和保障学生的学习行为方面发挥着重要作用。在激励方面，大学生管理通过引导学生认识学习的社会意义和个体价值，明确学习目标，从而激发学生的学习动机；通过奖学金、荣誉称号等方式表彰学业优秀的学生，鼓励他们勤奋学习；同时，引入竞争机制，组织各种竞赛活动，激发学生的学习热情。

在指导方面，大学生管理指导新生了解大学学习的特点和要求，促进他们从被动学习向自主学习的转变；指导学生掌握科学的学习方法，养成良好的学习习惯，提高自主学习能力和效率；同时，指导学生积极参与社会实践活动，加深对专业知识的理解，提高专业技能。在保障方面，大学生管理加强资助管理，确保助学贷款和助学金的发放，组织勤工助学活动，为家庭经济困难学生提供必要的经济支持；同时，开展学生学习心理辅导，帮助学生克服学习焦虑等消极心态，以积极健康的心态对待学习。这些举措都有助于激发学生学习的积极性，提高学习效率，为学生成长和发展提供良好的保障。

第三，培养大学生良好的思想品德是中国特色社会主义建设所需合格人才的重要方面。思想品德是在一定的思想体系指导下，按社会规范行动时个人身上表现出的相对稳定的特征，是思想与行为的统一体。为了有效培养大学生的良好思想品德，除了深入细致的思想政治教育外，还需要有效的管理措施。

大学生的思想品德和行为习惯形成具有由他律到自律的过程。由于大学生的发展尚未稳定，各自的思想基础和教育接受程度不同，因此他们的自我管理和自我约束能力存在差异。要帮助他们提高自理、自律水平，使其自觉遵循社会、政治、道德和法律规范，形成良好的行为习惯，需要在强化思想政治教育的同时，加强各方面的管理，特别是注重日常行为规范的训练。

通过大学生管理，科学制定并严格执行各项规章制度，强化行为管理和纪律约束，有助于使大学生的学习、交往等各方面行为按照规范有序进行。这不仅有利于培养良好的行为习惯，还为思想政治教育创造了良好的环境条件，从而增强了思想政治教育的效果。

2. 构建和谐社会的内在要求

实现社会和谐一直是人类追求的理想，也是中国共产党和中国人民不懈奋斗的重要目标。社会和谐是中国特色社会主义的本质属性，构建社会主义和谐社会是发展中国特色社会主义的基本要求和重要保证。在这一进程中，大学生管理作为对大学生这一特殊社会群体提供引导和服务的社会活动，发挥着特有的重要作用，具有特殊的重要价值。

第一，大学生管理是维护社会稳定、实现社会安定有序的重要保证。我们所要建设的社会主义和谐社会应该是民主法治、公平正义、诚实友爱、充满活力、安定有序、人与自然和谐共处的社会。安定有序是社会主义和谐社会的内在要求和重要特征，也是实现社会和谐的基本条件。社会稳定则是安定有序的基本内容和重要表现，也是改革、发展的前提。

大学生的思想尚未成熟，存在显著的矛盾性。他们关心国家发展，关注时事政治，追求民主自由，并具有较强的政治参与意识，但尚缺乏政治经验和社会生活经验，政治辨别能力不强，因此容易受到社会上错误思潮和不良倾向的影响。同时，大学生正处于青年期，情感具有不稳定性，这既使大学生热情奔放，勇往直前，也使大学生易于冲动，甚至失去理智。

成千上万的大学生集中在高等学校的校园内，如果缺乏正确的引导和有效的管理，一些不良的倾向和问题，很容易在大学生中扩散开来，并造成不良的社会影响。切实加强大学生管理，及时处理大学生中发生的各种突发事件，以保持高等学校的稳定，对于维护社会稳定、实现社会安定有序具有特殊的意义。

第二，维护正常的教育教学秩序是高等学校教育教学工作的内在要求和基本条件。在高等学校的教育教学活动中，按照一定的制度和规章有目的、有计划、有组织地进行，因此建立和维护正常的教育教学秩序必须依靠严格的、科学的管理，其中大学生管理发挥着特殊的重要作用。

严格的学籍管理是建立正常教育教学秩序的基础。通过按照一定制度和规定有序地进行学生入学与注册、课程和各种教育环节的考核与成绩记载、转专业与转学、休学与复学、退学、毕业与结业等各项工作，可以确保教育教学活动的有序进行。实施系统的学习管理是关键所在。引导学生明确学习目的，提高学习的主动性和自觉性，规范学生的学习行为，督促学生自觉遵守学习纪律和考试纪律，形成良好的学风，是建立正常的教育教学秩序的关键。

加强对学生班级、学生社团等学生群体的管理也是非常重要的。引导学生紧紧围绕学校的教育教学目标，有序地开展班级活动、社团活动和其他课余活动，有助于营造良好的学习氛围和校园文化，从而有利于维护正常的教育教学秩序。大学生管理是建立和维护正常的教育教学秩序的重要保证。只有通过有效的大学生管理，才能确保教育教学活动的顺利进行，学校教育教学秩序的正常维护。

第三，大学生管理是促进大学生集体和谐发展的重要手段。大学生集体包括党团组织、班级、学生会、社团等，是大学生政治、学习和日常生活的基本组织形式，直接影响大学生的思想和行为，是思想政治教育和管理的重要载体。大学生集体的和谐发展直接关系着学生个体的健康成长和全面发展，也关系着高等学校的和谐稳定和科学发展。

大学生管理内在地包含对大学生集体的管理，在促进大学生集体和谐发展中具有十分重要的作用。通过大学生管理，引导学生集体自觉遵守学校的制度和规定，开展丰富多彩的集体活动，充分发挥集体在大学生自我教育、自我管理中的作用，可以促进大学生集体的发展与学校的和谐与统一。大学生管理还应加强集体的思想、组织、制度和作风建设，引导学生增强集体意识，主动关心集体发展，积极参与集体活动，弘扬团结互助精神，增进同学友谊，注重相互沟通与交流，及时化解各类矛盾，从而促进各大学生集体的自身和谐发展。

大学生管理也应引导各类大学生集体正确处理相互关系，加强沟通和协调，相互配合、支持，形成集体自我教育、自我管理的合力，促进各类大学生集体的相互和谐与共同发展。大学生管理在促进大学生集体和谐发展方面扮演着至关重要的角色。

（三）大学生管理的个体价值

大学生管理的个体价值指的是其对大学生个体成长与发展的作用和意义。这意味着大学生管理的属性和功能能够满足大学生个体成长与发展的需要。大学生管理的个体价值主要在于引导方向、激发动力、规范行为、完善人格和开发潜能等几个方面。

1. 引导方向

大学生管理具有突出的导向功能，对大学生的成长和发展起着重要的导向作用。这种导向作用主要体现在以下三个方面：

第一，引导政治方向是十分重要的，因为政治方向涉及人们的立场、观念、态度、品质和信念，是人们思想和行为的基本倾向。党始终强调在人才培养中必须把坚定正确的政治方向放在首位。在当今世界，随着经济全球化和信息技术的迅速发展，国际政治斗争趋于复杂，西方意识形态的渗透日益加剧。引导大学生确立坚定正确的政治方向，即坚持中国特色社会主义方向，是高等学校的一项极为重要而又十分紧迫的任务。

实现这一任务需要加强大学生思想政治教育，同时也需要加强大学生管理。大学生管理具有鲜明的政治方向性，对学生的政治方向发挥着引导作用。我国的相关规定明确要求大学生应当确立在中国共产党领导下走中国特色社会主义道路的共同理想和坚定信念。

加强大学生管理，严格执行相关规定，引导和督促大学生自觉遵守行为准则，加强对大学生的政治行为管理和指导，防止腐朽意识形态对大学生的影响，及时纠正错误倾向，维护和保障校园的政治稳定和政治安全，对于引导大学生坚持正确的政治方向具有重要作用。

第二，引导价值取向是指在面对各种矛盾、冲突和关系时，人们基于自身的价值观所持的基本价值立场、态度和倾向。价值取向决定和支配着人的价值选择，对个体的思想和行为方向产生着重要影响。当前我国市场经济的发展，虽然促进了社会生产力的发展和人们思想观念的更新，但也带来了盲目性和滞后性，容易诱发利己主义、拜金主义和享乐主义等价值观念；同时，随着经济全球化和国际交往的扩大，西方的各种价值观念也不断渗透。

引导大学生掌握社会主义核心价值体系、坚持正确的价值取向具有极为重要的意义。如前所述，鲜明的价值导向是大学生管理的显著特点之一。通过贯彻体现社会主义核心价值体系的管理理念，制定和执行以培养社会主义建设合格人才为根本宗旨的管理目标体系和规章制度，大学生管理对于引导大学生的价值取向发挥着重要的引导作用。通过这种方式，大学生管理能够帮助大学生树立正确的社会主义核心价值观，树立正确的价值取向，从而促进大学生的健康成长、全面发展以及为社会主义现代化建设做出积极贡献。

第三，引导大学生确定业务发展方向是大学生管理的重要任务之一。这项任务的核心在于帮助学生确定既符合社会需要又符合自身实际的奋斗目标，从而明确业务发展的方向，使他们能够将主要精力和时间投入到实现这些目标的业务学习和实践活动中，进而促进他们早日成才。

大学生管理在引导学生业务发展方向方面的作用主要体现在以下几个方面：

通过对学生学习活动的指导，大学生管理能够引导学生根据相关专业的要求和自身的兴趣爱好，明确专业学习的目标。这包括帮助学生了解所学专业的前景、发展趋势以及相关职业要求，从而使他们能够在专业学习方面做出明智的选择，并有针对性地制定学习计划和发展路径。

大学生管理可以为学生提供相关信息和资源支持，帮助他们更好地了解不同领域的发展情况和就业前景，从而引导他们在业务发展方向上做出理性、明智的决策。大学生管理还可以通过组织各类讲座、座谈会、实践活动等形式，邀请行业专家和成功人士分享自己的经验和见解，激发学生的学习热情和创业激情，帮助他们更好地理解和把握行业动态，进而明确自己的业务发展方向。

大学生管理在引导学生业务发展方向方面发挥着重要作用，通过指导学生确定专业学习的目标、提供信息支持和组织实践活动等方式，促进学生在业务发展方向上做出明智的选择，为他们的个人成长和发展提供有力支持。

2. 激发动力

高等学校的系统教育为大学生的成长和发展提供了良好的条件，但大学生能否健康成长和全面发展，关键在于大学生自身的主观努力即主观能动性的发挥。要促进大学生的成长和发展，就必须注重激发大学生的内在动力，充分调动他们的主动性和积极性。在这一过程中，大学生管理具有显著的激励功能，在激发大学生内在动力方面发挥着突出的作用。大学生管理对大学生的激励作用主要通过以下三种方式实现。

第一，需要是人的行为动力的源泉，是行为动机产生和形成的基础。人的积极性的发挥及其发挥的程度，归根结底取决于其需要能否得到满足以及满足的程度如何。在大学生管理中，坚持以人为本的管理理念和服务学生的管理原则至关重要。这意味着关心学生的实际需要，维护他们的正当利益，为他们的成长和发展提供各方面的指导和全方位的服务。

大学生管理不仅仅是对学生进行约束和监管，更重要的是激励学生。通过满足学生的需求，提供必要的支持和指导，激发他们的积极性和学习动力。这种激励作用是积极的，它鼓励学生追求目标、努力学习、成长发展，并最终实现个人价值和社会责任。

第二，目标激励是指设定明确的目标，激发个体的内在积极性，促使其奋发努力去实现目标。人们的行为往往是朝着特定目标指引的，因为目标代表了人们期望达到的成果和成就，能够激发内在动力和动机。

在大学生管理中，遵循社会发展的要求和大学生自身发展的需要相统一的原则，科学地制定管理的目标，能够有效地激励大学生。通过设定具体、可行的目标，引导大学生根据社会需要和个人兴趣、能力等因素，合理地确定自己的学习和发展目标。这样的管理方式能够激发大学生内在的积极性，增强其自我驱动力，促使他们更加努力地学习和成长。目标的激励力量取决于人们对目标达成的重视程度和实现可能性的信心。如果大学生明确意识到目标的重要性，并相信自己能够实现这些目标，那么这些目标将具有更强的激励作用。大学生管理应当注重引导学生树立正确的目标观念，帮助他们理解目标与自身发展之间的关系，从而更好地激发他们的学习热情和自我发展动力。

目标激励是大学生管理中的重要原则之一。通过科学设定目标，引导大学生根据社会需求和个人发展需要确定自己的学习和发展目标，能够有效地激发他们的内在动力，推动其积极进取，实现个人成长与社会发展的有机统一。

第三，奖励和惩罚是大学生管理中的重要方法，旨在通过正、负强化手段，控制大学生行为结果的反馈调节作用，以维持和增强大学生的积极性和主动性。奖励通过奖赏、赞扬、信任等形式来满足大学生的需求，使其感到满足和喜悦，从而增强其积极行为的倾向。惩罚则是通过造成被惩罚者某种需要的不满足而使其感到痛苦和警醒，从而促使其改变消极行为，转向积极行为。

大学生管理通过恰当地运用奖励和惩罚，鼓励先进，激励后进，促使全体大学生更加努力。奖励可以是奖学金、荣誉称号、表扬信等形式，对于表现突出的大学生给予公正的肯定和鼓励，激发其积极性；而惩罚可以是警告、批评、处分等形式，对于违反规定或表现不良的大学生进行适当的惩处，以示警示和教育。

通过奖励和惩罚的合理运用，大学生管理能够有效地引导大学生的行为，维护校园秩序，促进全体大学生的成长和发展。这种奖惩激励机制不仅能够调动大学生的积极性，还能够塑造良好的校园文化和氛围，为大学生的全面发展提供有力支持。

3. 规范行为

大学生管理的重要任务之一是科学制定和严格执行各项管理规章制度和纪律，以规范大学生的行为，促进他们形成文明的行为方式和良好的行为习惯。在规范大学生行为方面，大学生管理主要通过以下三种途径实现。

第一，加强制度建设是大学生管理的重要内容，其目的在于依据社会发展要求、人才培养目标和大学生健康成长与发展的需要，科学制定和不断完善各项规章制度，使大学生明确应该做什么、不应该做什么，应该怎么做、不应该怎么做，并引导和督促大学生用以规范自己的行为，逐步形成文明的行为方式。在这一过程中，教育部新修订的《普通高等学校学生管理规定》和《高等学校学生行为准则》等基本规章制度起着重要作用，为规范大学生行为提供了基本的规定和准则。

通过制度建设，大学生管理可以从根本上引导大学生树立正确的行为观念和价值观，促使他们自觉遵守校规校纪，维护校园秩序和社会公德。制度的明确和严格执行不仅有利于提高大学生的自律意识和责任感，还有助于营造良好的学习和生活环境，推动校园文化的建设和发展。同时，制度建设也可以为大学生提供公平公正的竞争平台，激发他们的学习和创新动力，促进个人全面发展。

加强大学生管理中的制度建设，对于规范大学生行为、引导他们健康成长和全面发展具有重要意义。制度的科学制定和严格执行能够有效地推动大学生管理工作向着更加规范、有效和有序的方向发展，为高校教育教学秩序和社会和谐稳定作出积极贡献。

第二，严格纪律约束在大学生管理中扮演着重要的角色。纪律是一定的社会组织为实现组织目标而要求其全体成员必须共同遵守并赋予组织强制力的行为规范。它是建立正常秩序、维系组织成员共同生活的重要手段，也是完成各项任务、实现组织目标的重要保证。在大学生管理中，纪律成为不可或缺的重要手段。

通过严格执行学习、考试、科研、集体活动、校园生活、安全保卫等各方面的纪律，可以约束和调整学生的行为。对于违纪行为，及时做出恰当的处罚，有助于有效地引导和规范学生的行为，促进他们良好行为习惯的养成。这种严格纪律约束有助于营造秩序良好、安全稳定的校园环境，为学生的健康成长和全面发展提供有力支持。

第三，引导自我管理是大学生管理的重要路径之一。自我管理的核心在于启发学生的自觉性和主动性，促使他们自觉遵守管理制度，主动地遵循大学生行为准则，实行自我约束和自我监督。这种自我约束和自我监督不仅体现在个体学生的行为中，也体现在学生群体的管理中。在大学生管理中，通过引导学生参与班级、寝室、社团等群体的管理，充分发挥学生的主体作用。在民主讨论的基础上，形成全体成员共同遵守的规章制度，并相互监督执行，有助于营造良好的群体氛围，实现群体的共同目标。同时，这也有助于提高全体成员规范和约束自己行为的自觉性。

通过引导自我管理，大学生不仅能够更好地适应大学生活，还能够培养出良好的自律和自我约束能力。这种自我管理的培养不仅有助于个体学生的成长发展，也对整个校园的管理和秩序维护起到了积极的推动作用。引导自我管理是大学生管理中至关重要的一环，对于促进学生的全面发展和校园的和谐稳定具有重要意义。

4. 完善人格

人格是一个人所具有的稳定而统一的心理特征的总和，涵盖了品格、思想境界、情感格调、行为风格、道德品质和精神面貌等方面。它不仅是个人发展状况的集中表现，也是个人发展的内在主观条件。人的全面发展内在地包含着人格的健全和完善。大学生管理以促进大学生的全面发展为根本目的，必然要注重培育大学生健全的人格，以促进他们形成崇高丰富的精神境界、高尚优秀的道德品质和积极健康的心理品格。

第一，大学生管理在优化校园环境方面发挥着重要作用。校园环境是影响大学生人格形成和发展的重要因素，对大学生的人格具有陶冶和感染的作用。管理部门通过制定和执行合理的规章制度，建立和维护正常的校园秩序，确保校园环境的安全和稳定。同时，通过有效的学习管理和班级管理，促进良好的学风和班风的形成，营造出积极向上的学习氛围。

管理部门还通过对大学生交往活动的管理和引导，优化校园的人际环境，促进学生之间的良好互动和交流。针对现代社会网络化趋势，管理部门也致力于管理和指导大学生的网络活动，净化校园的网络环境，防止不良信息的传播，保护学生的健康成长。

另外，管理部门通过对学生社团和课余活动的管理和指导，努力塑造积极向上、丰富多彩的校园文化生活环境，为学生提供丰富多样的发展平台。通过对学生生活园区的管理和日常行为的指导，管理部门为学生营造安定有序、文明健康的日常生活环境，为学生的全面发展创造良好的条件。

大学生管理在优化校园环境方面通过多种途径，包括规章制度、学风班风管理、人际关系管理、网络环境管理、文化生活建设以及生活园区管理等方面的工作，为大学生提供了良好的成长环境和学习生活条件。

第二，指导行为实践是大学生管理的重要任务之一。实践是大学生人格形成和发展的基本途径，只有通过亲身的实践体验，大学生才能真正理解、消化和吸收所接受的各种教育影响。大学生行为习惯的养成、实践能力的提高等，更是长期实践活动的结果。在大学生管理中，通过对大学生行为和实践活动的管理和指导，可以促进大学生的全面发展和人格完善。指导行为实践可以帮助大学生将学到的知识和理论应用到实际生活中，增强他们的实践能力和解决问题的能力。通过参与各种实践活动，大学生可以拓展自己的视野，增长见识，培养创新意识和实践能力，为未来的发展打下坚实的基础。指导行为实践还可以促进大学生的自我认知和自我发展，帮助他们树立正确的人生观和价值观，培养健康的心理素质，增强社会责任感和公民意识。

指导行为实践是大学生管理的重要内容之一，对于促进大学生全面发展、提高实践能力和人格完善具有重要意义。大学生管理部门应该积极引导和指导大学生参与各种实践活动，为他们提供良好的实践平台和指导支持，帮助他们实现自身价值和成长发展。

5. 开发潜能

人的潜能是指人所具有的有待开发、发掘的处于潜伏状态的能力，包括生理潜能、智力潜能和心理潜能。这些潜能是人的现实活动力量的潜伏状态和内在源泉，而人的能力的发展往往意味着开发这些潜能，使之转化为显能的过程。据美国著名心理学家威廉·詹姆斯的观察，一个正常人仅利用了大约10%的潜能，说明人的潜能是巨大的，开发潜能具有广阔的前景。

大学生处于成长和发展的关键时期，因此着力开发他们身上蕴藏的丰富潜能，将其转化为从事社会建设的实际能力和现实力量，是大学生培养工作的重要任务。在这个过程中，大学生管理作为重要组成部分，发挥着不可或缺的作用。它主要通过以下三种途径实现对大学生潜能的开发。

第一，指导学习训练是大学生管理的重要内容之一。学习和训练是开发潜能的基础，只有通过系统的学习和训练，掌握必要的知识和方法，才能使潜能得到正确、有效的发挥。大学生管理通过对大学生学习活动的管理和指导，引导大学生确立正确的学习目的，掌握科学的学习方法。这种指导不仅能够充分发掘大学生在学习方面的潜能，提高他们的学习能力，而且可以促进大学生系统地掌握专业理论知识和方法，使他们在专业方面的潜能得到开发和发展。

通过指导学习训练，大学生能够更加有效地利用学习时间和资源，提高学习效率和成果。同时，正确的学习方法和目标导向也有助于增强大学生的自信心和学习动力，激发他们的学习热情和创造力。这样，大学生不仅能够在学业上取得更好的成绩，也能够在专业领域展现出更高水平的能力和潜力。

指导学习训练是大学生管理中至关重要的一环。通过科学的指导和管理，可以帮助大学生充分发掘和开发自身的潜能，在学习和专业领域取得更加优异的成绩和表现。

第二，激励是开发个体潜力的重要手段，通过激励可以有效调动人的主观能动性，改变消极心态，激发积极性，并最终达到开发潜能的目的。在大学生管理中，激励机制是一种重要手段。通过激励，可以引导学生明确努力方向和成才目标，奖励那些表现突出、成绩优异的学生，从而调动其主动性和积极性，激发他们的进取精神，促进他们不断开发自身的潜能。

第三，实践是潜能转化为显能的桥梁，只有在实践中，人的潜能才能逐步显现并得到实际发挥。大学生管理通过支持和指导学生参与各种实践活动，如社团活动、社会实践、科技服务和科技创新等，为大学生提供丰富多样的实践机会，促进他们的潜能得到开发和发展。大学生管理鼓励学生参与社团活动，如学术、文化、体育等各类社团组织，让学生在实践中发挥自己的特长和兴趣，锻炼团队合作和领导能力，丰富自己的社交圈子，培养综合素养。

大学生管理引导学生参与社会实践活动，包括志愿服务、社会调研、实习实训等，让学生走出校园，接触社会实践，增强社会责任感和社会参与意识，提高实际解决问题的能力。另外，大学生管理还支持学生参与科技服务和科技创新活动，如科研项目、竞赛、发明创造等，激发学生的创新潜能，培养他们的科学精神和实践能力，促进科技成果转化和社会进步。

通过以上实践活动的支持和指导，大学生管理为学生提供了丰富多样的实践平台，让他们在实践中积累经验、发现兴趣、锻炼能力，从而促进个人成长和全面发展。

第二节　大学生管理的理念与原则

管理是一门科学，大学生管理作为其中的一部分，同样是一个由系列管理活动按一定顺序结合而成的系统组织过程。遵循适当的理念和原则对于确保大学生管理工作的正确方向，实现管理质量与效率的最大化具有重要意义。

一、大学生管理的理念

大学生管理的基本理念是对大学生管理规律的认识和对实践经验的高度概括，是大学生管理必须遵循的基本指导思想。根据教育部《普通高等学校学生管理规定》，高等学校应以培养人才为中心，按照国家教育方针，遵循教育规律，不断提高教育质量；依法治校，从严管理，健全和完善管理制度，规范管理行为；将管理与加强教育相结合，不断提高管理水平，努力培养社会主义合格建设者和可靠接班人。

（一）人本管理的理念

理性化和人性化一直是管理发展中的两条重要线索。泰罗及其科学管理理论是理性主义的典型代表，并长期居于管理思想的主流。然而，二十世纪二三十年代以来，随着"人际关系理论"和"行为科学"的发展,人文主义逐渐占据管理思想的重要地位,人性和个人价值得到普遍认同。人本管理的思想要求在管理活动中,始终把人放在中心位置。在手段上,着眼于所有成员积极性的发挥和人力资源的优化配置;在目的上,追求人的全面发展以及由此带来的效益的最优化。

在大学生管理工作中,坚持人本管理理念就是要以学生为本,树立现代学生观,尊重学生的主体地位,促进学生的个性化发展,实现学生的多样化评价。在实际工作中尊重学生的主体性、差异性、丰富性、独特性,把学生当作有血有肉、有生命尊严、有思想感情的人;以学生成长成才为中心,真正尊重学生,理解学生,关心学生,引导学生。这种管理理念的贯彻实施,不仅有助于提高学生的学习积极性和创造力,还能够促进学生的全面发展和个性成长,为培养具有创新精神和社会责任感的高素质人才奠定基础。在大学生管理工作中,人本管理的理念具有重要的指导意义和实践价值。

第一,尊重学生的主体需求,促进其成长成才,是大学生管理工作的核心任务。为此,需要深入了解不同类型、不同层次学生的特点和需求,进行分层次、分阶段的教育、管理和服务工作。建立起完善的大学生管理工作体系,旨在帮助学生成长、解决困难、便利办事、维护权益,为学生提供最优质的教育环境。

在实践中,大学生管理工作必须始终以学生的需求为出发点。这包括将工作需求与学生的成长成才需求相结合,将学生当前需求与长远需求相结合,将个人需求与群体需求相结合,将物质需求与精神需求相结合。通过紧密结合学生的实际情况和需求,努力培养具备德才兼备、品学兼优、知行合一的社会主义建设者和可靠接班人。

大学生管理工作的核心是以学生为本,根据他们的特点和需求,制定相应的管理和服务措施,为他们提供个性化、全面化的支持和指导。这样的管理理念和实践将有助于激发学生的学习积极性,提升其综合素质,推动他们成长为对社会有用、有担当的人才。

第二,体现学生的主体参与,实现学生的自主发展,意味着要充分发挥学生的主体作用,引导他们积极参与管理实践,使其成为管理的主人。学生参与管理的主要平台包括学生会、班委会、团支部、社团联合会等学生组织,通过学生干部定期换届等方式,努力确保每个学生都有机会参与管理。

在这些学生组织中,学生们可以通过选举产生自己的代表,参与学校的决策制定和管理活动。他们可以提出建议、参与讨论,发挥自己的主体性和创造性,为学校的发展和改进贡献自己的力量。通过这种参与，学生们不仅可以增强自己的组织管理能力和领导技能，还可以培养团队合作意识和社会责任感。在安全管理、资助管理等工作中，也需要充分调动学生的积极性。学校可以设立学生安全巡逻队、学生志愿者服务队等组织，让学生参与校园安全巡查、应急救援等活动，增强他们的安全意识和责任感。同时，在资助管理方面，学校可以设立学生资助评审委员会，由学生代表参与资助政策的制定和评审工作，确保资助政策更加公平合理。

通过充分发挥学生的主体参与作用，引导他们积极参与管理实践，学生可以在组织管理、决策制定和服务管理等方面发挥自己的作用，实现自主发展，为学校的发展和进步做出积极贡献。

第三，实行民主管理是推行人本理念的重要体现，尊重学生的主动性和首创性。这意味着不仅需要增强管理者和学生的民主管理意识，还要完善民主选举、决策和监督等民主管理运行机制，畅通民主管理渠道。

（二）服务育人的理念

大学生管理说到底就是为大学生的全面发展和健康成长服务，而不仅是为了"管"学生，更不能把学生仅看作管理的对象。只有树立了管理就是服务、管理就是育人的理念，才能从根本上转变大学生管理的态度、思路、方法和作风。《中共中央国务院关于加强和改进大学生思想政治教育的意见》明确指出，高校加强和改进大学生思想政治教育是教书育人、管理育人、服务育人相统一的系统工程。要"坚持教育与管理相结合"，要"从严治教，加强管理"，要"建立健全与大学生成长成才相适应的管理制度体系"。要时刻注意把思想政治教育融入大学生管理之中，建立起自律与他律、激励与约束有机结合的长效机制。

第一，要强化服务意识，着力解决学生最关心的实际问题。大学生管理涉及关乎学生切身利益的诸多方面，比如学业问题、家庭经济困难问题和心理问题等。管理者要高度重视解决学生的这些实际问题，让学生感受到关怀与温暖，为其接受管理者的教育与引导奠定感情基础。在解决实际问题的过程中，注重和解决思想问题相结合，既办实事又讲道理，坚持管理与教育的结合，做到既关心人、帮助人，又教育人、引导人。

第二，在实施管理时要注意学生的情感因素，注意制度的刚性和管理的弹性。学生管理是做"人"的工作，人是有理性、有感情的。无论教育手段多么先进，也不能替代面对面的思想沟通；无论传媒手段多么发达，也不能替代人与人之间的感情交流。正是这种情感作用，才使得管理产生融洽和理想的效果，才能调动学生的积极性和主动性。要考虑每个学生的具体情况，采用学生最容易理解和接受的方式来实现管理。这样才能让学生乐于接受制度规范要求，主动地内化为自己的行为准则，从而形成良好行为习惯和品质。

第三，要营造良好的管理氛围。良好的管理氛围不仅要求管理者对学生要真诚、尊重、理解、关怀和信任，同时更要求管理者时刻注重自身形象，把形象育人作为管理育人的重要方式。要建立全员育人的机制，形成全员育人、全程育人、全方位育人的格局。要创造丰富多彩的校园文化，校园文化具有丰富的内涵，对学生有潜移默化的教育和引导作用。举办校园文化活动使学生的业余生活更加丰富，能力得到锻炼，才干得到发挥，素质得到提高；使学生在浓厚的校园文化氛围中，身心愉悦，拓宽视野，获得全面、和谐的发展。

（三）科学管理的理念

科学管理是20世纪初在西方工业国家影响最大、推广最普遍的一种管理思想，其表人物泰罗被称为"科学管理之父"。科学管理的实质在于将实践积累的管理经验加以标准化、系统化、科学化，用科学管理代替经验管理。科学管理的主体思想包括三方面：一是提高劳动生产率，这是科学管理的中心问题，是确定各种科学管理原理和方法的基础；二是在管理实践中建立各种明确的规定、条例、标准，使管理科学化、制度化，这是提高工作效能、达到最高工作效率的关键；三是科学管理不仅在于具体的制度和方法，而在于重大的精神变革。

第一，科学制度规范引导人，尊重并非放纵，规矩不可或缺。培养良好行为习惯是成才关键。加强大学生管理制度文化建设，建立科学人性的管理体制。

第二，管理者应构建平等和谐的师生关系，不是发号施令者，而是积极引导和平等协商。以友谊之心对待学生，尊重个性，提供学业指导、生活帮助和心理支持。辅导员老师应展示才华，与学生互动，实现理想与人生价值，促进双方共同成长。

第三，建立一体化工作体制，强化学生工作机构，协调组织功能，明确职责权限。统一标准，协调内外管理，形成合力，促进各部门合作，推进学生管理与教学无缝对接。

(四）依法管理的理念

高校依法管理是以法律为准绳，确保管理合法合规。大学生管理要依法进行，决策、计划、组织、控制都需符合法律，不能违法。学生维权意识增强，管理面临新情况如助学贷款违约、意外伤亡、心理问题等，要求管理依法进行，满足发展需求。

第一，要增强法律意识，加强法律知识学习。国家制定了《中华人民共和国教育法》《高等教育法》等法律，形成教育法律法规体系。大学生管理者应深刻理解法律条文，引导学生学习教育法律，了解权利义务，培养学法守法意识，推动国家法治建设。

第二，大学生管理需以法律为准，依法制定内部具体规章制度。虽一般法规完善，但各高校实际不同，需根据《学生管理规定》等法律，制定适用规章。

第三，严格遵守法律法规，规范管理与学生合法权益维护相结合。对违规学生处理要依据事实证据，符合法律程序，不滥用职权，不越权，不偏私，确保公平公正。

二、大学生管理的原则

大学生管理原则源于内在规律、实践经验和党的指导方针。基于适应自然与历史，确立方向性、发展性、激励性和自主性等原则，以引导学生全面成长。

（一）方向性原则

大学生管理坚持方向性原则，确保与高校育人总目标、国家教育方针一致。方向性原则决定大学生管理的目标，符合党国教育政策与法律规定。只有遵循这一原则，才能正确引导大学生管理，培养全面发展的社会主义事业建设者和接班人。

在大学生管理中坚持方向性原则，关键需要做到以下三点。

第一，要增强管理者的政治意识。大学生管理是具有政治方向、价值导向的，为特定社会、阶级服务。管理者应认识到管理的政治功能和价值导向，贯穿管理全过程，引导学生积极投身国家建设，实现个人价值。

第二，制度的合法性体现管理的政治导向性。坚持方向性原则，必须接受党的领导，贯彻党的方针、路线、政策。学校制度是贯彻党的方针、政策的主要方式，体现社会政治方向、价值导向。大学生管理制度必须与国家法律一致。通过合法制度保障管理方向性，融入建设和执行全过程，培养学生社会主义理想信念，促进其成长成才。

第三，大学生管理应及时调整目标，紧跟时代需求。方向性原则不仅涉及政治方向，也涉及管理服务党和国家中心任务。当前以经济建设为中心任务，管理应服务于此，紧密结合发展需求制定管理目标。随着时代主题变化，管理模式需创新，以适应不同时期党国任务变化及人才需求。

（二）发展性原则

大学生管理坚持发展性原则，需管理工作不断发展。随着我国社会变革，大学生管理环境、任务不断变化，要求体制、机制不断调整，确保管理实效。同时，管理应促进学生全面发展，配合学生成长需求调整管理方式、目标、途径。

通过管理促进学生全面发展，关键是做到三点。

第一，大学生管理需要树立发展意识，即思想引领行动。传统管理重视控制，伤害学生自尊，不利于全面发展。发展性原则要求转变观念，将学生全面发展置于管理核心。管理者应拥有促进学生全面发展的责任感和紧迫感，打破固有思维，以新发展观念指导管理，设计计划，促进学生的全面成长。

第二，要不断推动管理创新。服务学生全面发展的管理创新应在遵循规律基础上，与时俱进，继承与创新相结合，促进学生成长。现有管理机制已针对过去环境产生，但社会发展带来新问题。固守原有方法不能适应今日需要。创新大学生管理成为时代赋予的任务。

第三，要统筹各方资源，促进学生发展。高校管理应注重管理与服务并重，实践中应强调服务。生活帮扶、心理辅导等服务可激发学生主观能动性，促进其发展。需理顺管理部门关系，实现协调联动，将各要素整合为有机整体，最优配置资源，形成促进学生发展的合力。

（三）激励性原则

激励性原则在大学生管理中是基本准则，利用物质或精神手段调动学生积极性和创造性。激励效果取决于手段是否符合学生实际需求、能否满足他们的需要、是否激发内在动力。贯彻激励性原则需考虑三方面：一是针对学生需求设计激励方式；二是建立奖励制度激发积极行为；三是通过鼓励和认可激发学生内在动力，实现管理目标。

第一，高校应科学运用正向激励，激发学生能动性与创造性。物质激励包括金钱或实物奖励，满足基本需求，促进积极性。精神激励则通过表扬赋予荣誉，激发内在动力。协调物质与精神激励，依据学生需求施行，确保管理效果。

第二，管理中应树立典型，以榜样激励学生。榜样有助于确立目标与方向。需善于树立、培养、宣传榜样，鼓励学生学习、争做、成为榜样。

第三，采取情感激励的方式。情感是人格发展的动力，青年追求美好生活的动力之一。管理目标的实现往往需要情感的催化。管理者与学生平等对待、相处愉快，管理活动容易开展；相反，双方针锋相对、互不理解，学生抵触情绪产生，管理效果打折扣。管理者应以真情感染人，注重沟通，消除疑虑，欣赏学生，尊重需求，解决困惑，发挥特长。

(四) 自主性原则

自主性原则是指高校在进行大学生管理时，使大学生参与到管理过程中来，充分调动大学生的积极性和创造性，进行民主管理，实现自我管理和自我服务。大学生管理遵循自主性原则，是由两方面决定的。一方面有利于育人目标的实现。管理的目标是育人，这就要求将外在的行为规范转化为内在的思想观念，从而支配管理对象的行为。如果不调动学生的主观能动性，学生就难以接受管理，管理的实效性就难以发挥；另一方面有利于满足学生自主管理的现实需求。随着我国社会主义市场经济体制的不断完善，高等教育逐步走向经济社会发展的前台，市场经济的自主、平等、竞争、法治精神对高校师生的影响不断深化，大学生自主意识不断增强。大学生渴望在各项事务管理中充当主角，自己管理自己，充分发挥主观能动性，实现自我管理、自我服务。

在大学生管理中坚持自主性原则要做到以下三点。

第一，激发学生的自主管理意识至关重要。在大学生管理中，创造轻松、愉快、快乐的氛围是必不可少的，以便尊重学生的自主需求。同时，通过让学生体验自主管理的成就感，享受自主管理所带来的成果，可以有效促进他们的自主管理意识。

第二，建立学生自主管理的平台是至关重要的一步。辅导员应该着重打造班委会、团支部、学生会等学生组织为主要载体的自主管理平台。这些平台不仅能增强学生的凝聚力和吸引力，还应建立定期的流动机制和激励机制，以确保学生广泛参与自主管理。作为辅导员，需要勇于"放权"，将大学生管理工作交由学生自己负责，从而实现学生的自我管理和自我服务。

第三,加强对学生自主管理的指导至关重要。自主管理并不等同于放任自流,必须加强对学生自主管理的指导,以确保管理的方向和实效。为此,需要做到以下四个方面:明确方向和定准目标,告知学生工作的要求和取得的效果;明确标准和指导思路,指导学生如何进行工作;做好监督工作,跟踪学生的任务执行情况,随时关注工作进展;及时反馈,帮助学生及时调整方向,确保工作在正确的轨道上进行。

第三节 大学生管理的过程与方法

大学生管理是动态的,包括决策、计划、组织和控制等环节。有效实施管理需要科学认识和全面把握管理过程,正确理解和灵活运用管理方法至关重要。

一、大学生管理的过程

研究大学生管理过程涉及理解其含义、构成要素、特点和主要环节。大学生管理过程指对大学生进行组织、引导和监督的活动,以实现教育目标。其构成要素包括目标制定、计划制定、组织实施、监督评估等。其特点在于对象为大学生群体,管理方式灵活多样,注重个性化管理。主要环节包括需求分析、资源配置、执行措施、反馈调整等。研究大学生管理过程旨在提高管理效率和效果,促进学生全面发展。

(一)大学生管理过程的含义和构成要素

1. 大学生管理过程的含义

大学生管理过程是管理者对影响和制约大学生发展的因素及其相互关系进行调整的过程,以实现整体目标。其实质在于把握组织环境、管理对象变化和发展情况,根据组织目标灵活调整管理活动。认识和掌握管理过程对于大学生管理至关重要,因为管理行为是动态的,不能直接达到目标,而是通过周而复始的管理过程来实现。深刻理解管理过程有助于从局部和整体两个层面来把握管理行为,从而有效地完成大学生管理工作。

2. 大学生管理过程的构成要素

大学生管理的要素包括管理者、管理对象、管理手段和职能、以及管理目标。管理者是指谁来管理；管理对象涵盖人、财、物、时间、空间和信息等；管理手段和职能涉及运用各种方法和功能，包括行政、法律、经济和教育方法，以及预测、决策、计划、组织、指挥、协调、激励和控制等；管理目标指朝着何方向前进，最终实现何种目标。这四要素相互作用，缺一不可，共同构成了大学生管理的基础。

（二）大学生管理过程的特点

大学生管理过程具有目的明确、涉及人文关怀、需求多元的特点。与一般管理相比，它更注重个体发展与情感引导，灵活应对学生多样化需求，促进其全面成长。同时，大学生管理也受学术环境、社会影响等因素影响较大，需要与教育理念相结合，注重创新与适应，以实现教育目标。

1. 大学生的管理过程是一个大学生管理工作者与大学生双向互动的能动过程

大学生的管理工作是社会活动的一部分，涉及管理者和被管理者之间的相互作用。管理者应主导并塑造被管理者，被管理者则需在引导下自我管理，实现自我教育。双向互动的管理过程要求管理者和被管理者相互影响，达到统一。被管理者应内化管理者的思想和行为规范，使其成为内在力量，实现自我控制和自我管理，从而实现由外部管控到内在自律的转变。

2. 大学生管理过程是有效利用学校的各种资源，为大学生成长成才提供指导和服务的过程

大学生管理过程的独特之处在于以培养学生成才为根本目标。为实现此目标，需对学校资源进行分析和管理，包括人、财、物、时间、空间、信息等要素。有效组织运转这些资源，最大化利用，为学生成长和成才提供行之有效的指导。

3. 大学生管理过程是与大学生教育过程紧密结合，保证教育目标顺利实现的过程

大学生管理工作者应坚持管教结合，管中寓教，教中有管。如今的大学生具有思想活跃、自主意识和自尊意识强的特点，对管理者提出了更高要求。在管理过程中，管理者需以情感理解和理性思考相结合，不断提升管理水平，使管理成为启发、教育和内化的过程。管理者应促使大学生将思想和行为准则转化为外在行为，培养相应的

行为习惯，实现由内化到外化、自律到自为的转变。

（三）大学生管理过程的主要环节

大学生管理涵盖了决策、计划、组织和控制四个环节，它们既相互区别又相互联系。决策确定目标与方向，计划为实现目标制定具体步骤，组织是整合资源与人力以执行计划，而控制则确保执行过程与目标一致。这四环节相互衔接，决策指导计划，计划支持组织，组织实施控制，而控制又反馈至决策与计划，构成了持续优化与改进的管理循环。

1. 大学生管理决策

大学生管理决策是指大学生管理工作者为达目标，在充分信息基础上，运用科学方法，从多个方案中选择一个合理方案。包括研究现状、明确问题和目标、制定、比较和选择方案等阶段性工作。

2. 大学生管理计划

大学生管理计划是在决策目标的基础上制定的未来行动方案，确保决策的落实。通过将活动任务分解给不同部门和个人，为工作提供依据，同时组织保证决策目标的实现。这是一个协调过程，指明了方向，促使团队形成合作。缺乏计划会导致低效率。管理计划还能预见变化、减少不确定性和浪费，通过设立目标和标准实现控制。在控制职能中，将实际绩效与目标进行比较，发现偏差并采取校正行动。可以说，计划和控制是密不可分的。

3. 大学生管理组织

大学生管理组织就是高校学生管理机构和学生工作管理者为了有效地实施既定的计划，通过建立管理机构，确定职位、职责和职权，协调相互联系，从而将组织内部各个要素联结成一个有机整体，使人、财、物、信息、时间、技术等资源得以最佳配置和利用。

大学生管理机构设置是否科学合理，组织工作是否有效，直接关系到大学生的成长和未来发展，关系着大学生管理目标的实现。要有效地实施大学生管理，一定要使大学生管理组织机构科学化、合理化，为此，就需要构建一套科学的大学生管理机构并使之有效发挥其职能。

4. 大学生管理控制

大学生管理组织由高校学生管理机构和学生工作管理者构成，旨在有效实施计划。通过建立管理机构、明确职位、职责和职权，以及协调相互联系，将内部要素整合成有机整体。科学合理的组织设置和有效的工作直接影响大学生成长与未来发展，关乎管理目标实现。为有效实施大学生管理，必须科学合理构建管理机构，并使其职能发挥有效。

二、大学生管理的方法

科学实施大学生管理，需要系统理解其管理过程，并掌握有效的管理方法。大学生管理方法多样复杂，各具特点与作用。全面掌握并正确运用这些方法是提高管理效率的关键。透过了解各种方法的特点，可以更灵活地应对不同情境，促进学生的全面发展与成长。

（一）大学生管理方法的内涵

大学生管理方法是为实现管理目标、确保管理活动顺利进行所采取的工作方式。管理方法是管理过程中不可或缺的操作工具，源自管理实践，与管理理论密切相关。管理理论不断创新，标志着管理方法的不断演进。管理方法是管理原理的具体实践，是实现管理目标的手段和途径，必须通过管理方法将管理理论落实到实践中。管理方法的作用不可替代。如今，管理方法已经逐步形成了一个相对独立、自成体系的领域，吸收和运用多种学科理论和知识。

（二）大学生管理方法的类型及特点

随着时间推移，大学生管理方法日趋成熟，已逐渐形成一个相对完整的管理方法体系。这一体系包括了多种管理方法，如情感引导、个性化辅导、团队建设等，以及适用于不同管理环节的具体操作指南。这个完整的管理方法体系为大学生管理提供了更系统、更科学的指导，有助于提高管理效率和学生发展成果。

1. 法律方法及其特点

大学生管理的法律方法是通过法律规范和行为规则调节内外关系，规范管理行为。包括国家法规和政府条例，以及司法和仲裁工作。法规和司法工作相辅相成，缺一不可。缺乏司法和仲裁会使法规失效，不健全的法规则无法执行，造成混乱。

2. 行政方法及其特点

行政方法是利用行政组织的权威，通过命令、规定、指示等手段，按照行政系统和层次，以权威和服从为基础，直接指导下属工作的管理方式。其核心是通过行政组织内的职务和职位来进行管理，强调职责、职权和职位，而非个人能力或特权。在行政管理系统中，信息不对称导致了行政权威，上级指挥下级完全取决于职位。下级的服从是对上级管理权限的表现。

3. 经济方法及其特点

经济方法在大学生管理中是调节不同经济利益关系以获取经济和社会效益的重要手段。奖学金是为表彰和鼓励优秀学生而设，激发学生积极性，促进共同进步。它通过外部奖励激励学生，进而调动其内在积极因素。奖学金项目和条件应反映管理者期望，并引导学生行为方向。罚款是对违规行为的经济惩罚，可制约不良行为，但需适度，避免滥用。严明奖励与惩罚原则，奖罚分明，可激励正气，维护管理秩序。必须防止罚款取代管理和思想工作，避免引发学生不满。管理者应确保奖学金和罚款成为真正有效的管理手段。

4. 教育方法及其特点

教育是按照一定目的、要求对受教育者进行有计划的德、智、体方面的影响活动。大学生管理中的教育方法着重于思想政治教育，激发大学生的积极性和主动性，引导其思想与行为，实现管理职能。教育是管理的基本方法之一，因为管理以人为中心，人的行为受思想支配和制约。管理中需重视思想工作，通过影响思想来影响行为，推动组织目标实现。大学生管理作为教育培养的一部分，需强调教育手段，加强管理的教育性。

（三）大学生管理的主要方法

大学生管理方法不仅需借鉴管理理论，更应促进管理理论的发展。大学生活动变化多端，管理需随机应变。著名管理咨询家汤姆·彼得斯指出："管理无固定模式，成功不唯一。"管理有规则原则，但需艺术化运用，因无永恒法则。世上无最佳管理方法，过于信奉书本信条反而傻瓜。管理需灵活，问题具体分析，不宜拘泥信条，否则事与愿违。

1. 目标管理的方法

目标管理由彼得·德鲁克于1954年提出，旨在将组织任务转化为总目标，并分解为各级分目标，以指导和控制下级工作。要求每个人、每个部门全力配合实现目标，自行设定任务和方针，并通过检查、绩效考核和评估改善，作为后续目标设定的依据。

2. 民主管理的方法

当前大学生管理急需实施民主管理。民主追求是高层次的人类追求，与个人素质密切相关。大学生作为文化素质较高的群体，对民主有更高要求。实施民主管理有助于大学生学习、生活和社会实践的有效展开，也促进了他们的全面发展。

3. 刚性管理的方法

刚性管理以规章制度为核心，通过制度约束、纪律监督、奖惩规则等手段管理组织成员。它强调严格的控制，采取纵向集权的管理方式，规章制度以规定、条文、标准、纪律、指标等形式出现，具有明确的约束力。刚性管理是保证组织健康运转的重要管理机制，着眼于合法性。

大学生处于成长关键时期，易受外界影响，自我约束能力较弱，表现出自我矛盾倾向。他们渴望自我发展，但受限于素质、能力和环境。在这种情况下，刚性管理是必要且有效的。其目的不是惩罚，而是规范学生行为，维护学校秩序，提高教学质量，促进学生成长。

刚性管理通过各项政策、法规、规章、制度形成有序行为。管理者的意志通过具体条文体现，为学生提供明确行动方向和安全感。这种有形的框架使学生能在规范内自由行动，同时统一了评价标准和尺度，为学生提供了依托感。

4. 柔性管理的方法

柔性管理相对于刚性管理而言，强调人性关怀、人格尊重，追求情感互动和心灵共鸣，以共同实现组织目标为宗旨。进入21世纪，管理要求不仅局限于严格、规范、科学，更注重人与人之间的情感互动。柔性管理在大学生管理中尤为重要，因大学生具有思想、感情、追求，需要更温和的管理方式。刚性管理已不足以解决大学生管理中的问题，柔性管理应运而生。它以人为核心，注重人文关怀和心理沟通，塑造和谐的组织文化和共同的价值观，激发成员的积极性、主动性和创造性。柔性管理完善和升华了刚性管理，使组织焕发生机和活力。在大学生管理中，刚性与柔性管理相辅相成，共同促进大学生的成长发展。管理工作者应以学生为本，注重人文关怀，尊重学生人格尊严，激发其积极性、主动性和创新精神，引导其从被动走向主动，自我管理、自我约束、自我完善，培养其成为社会需要的高素质、强能力、富有潜质和优秀品格的人才。

5. 系统管理的方法

大学生管理具有系统性管理特点，体现在以下几方面。一是整体性。大学生管理作为系统由多个子系统组成，如教学、生活、社团、社会实践、就业等，相互依存、影响、制约。二是关联性。各要素相互区别又相互联系、作用、依存，如社团管理与社会实践管理相互紧密相连。三是环境适应性。学生管理需顺应环境、利用有利条件，如适应社会需求改变教学模式，培养创新能力。四是动态平衡性。随着社会变化，要调整学生管理系统各要素比例关系，以保持正常运转。五是目的性。系统包括总目标和分目标，通过优化目标体系实现资源有效利用，为学生提供最大发展空间。

第四节 大学生管理的发展与创新

大学生管理随着高等教育发展演变。经历历史考察，基本经验包括明确管理目标、倡导学生自治、促进全员参与、强化规章制度等。关注当代新情况与趋势，如网络化管理、跨学科合作等。创新路径包括借助科技手段提升管理效率、推行个性化辅导、加强跨学科交流、促进学术与实践结合等，以适应时代需求。

一、大学生管理的发展

深入了解大学生管理发展历史，有助于准确把握其发展脉络。总结历史经验可以帮助我们深入认识和分析当代大学生管理的新发展。

（一）大学生管理的历史考察

大学生管理随着中国高等教育的发展而逐步成熟。自建国以来，中国共产党不断探索教育新路,从革命根据地到建立社会主义教育,高等教育由无到有、不断发展,取得丰硕成果。对学生的教育和管理也日益发展完善。

(二)大学生管理的历史经验

改革开放以来,大学生管理实践积累了基本经验,主要包括以下几方面。

1. 遵循国家教育方针,确保大学生管理的正确方向

国家教育方针是指国家在一定历史时期为实现基本路线和任务对教育工作提出的总指导方针。它体现了党对教育的领导,教育为社会主义现代化、人民服务,强调教育与生产劳动相结合,培养全面发展的社会主义建设者。高校工作必须围绕国家教育方针展开,大学生管理作为高校工作管理手段,需为国家教育方针服务。脱离国家教育方针的大学生管理将导致混乱和失序,因此必须全面贯彻国家教育方针,服务于培养社会主义建设者和接班人的目标。

2. 发挥育人功能,依据教育规律,科学管理

大学生管理作为管理科学的一支,应遵循管理规律,发挥育人功能。在新时代,大学生面临着自强、创新、成才和创业意识的提升,但也存在着政治信仰迷茫、理想信念模糊等问题。必须根据时代特征和大学生的具体特点,探索科学方法,加强管理科学性,培养与教育人并引导其树立正确的世界观、人生观和价值观。这既符合大学生实际,也符合国家人才培养要求。

3. 完善学生管理制度,提高管理水平,依法管理

依法建章、规范管理是现代学生管理的必然原则,也是贯彻依法治国、人才强国战略的要求。随着高校规模扩大、层次提高,高等教育逐步迈向大众化阶段,学校管理成为公共权力,受到广泛关注。学生法律意识增强,维权活动增多,要求依法管理、深化管理制度改革、细化流程,切实保障学生权益。高校应根据自身特点创新管理制度,使之科学规范化。完善管理制度、提升管理水平、增强管理能力,做到依法管理是必然要求。

4. 坚持教育与管理相结合,形成齐抓共管的长效机制

高校大学生教育管理涵盖学籍、课外活动、组织和安全等方面,各部门和机构都承担管理责任。必须坚持教育与管理相结合,实现部门间密切合作,改变以往只由学生工作部门负责的错误认识,建立齐抓共管的机制。权责明确、分工有序是关键,只有如此,才能实现全校工作协调一致。同时,依靠体制和队伍建设,如学校各部门联席会议制度,有利于协调各部门运转和功能发挥,增强管理工作的针对性和实效性。

5. 充分利用现代科学技术手段,不断创新管理方式、方法

随着时代和科技进步,高校大学生教育管理面临着不断变化的对象和条件。这要求高校管理不断创新,以适应新情况和新要求。利用现代科技手段,如信息技术、计算机网络技术等,是必然选择。高校管理工作需要充分利用先进技术,推进办公网络化、自动化建设,重视网络技术和信息技术的应用。同时,还需开发应用技术管理平台,建立现代化的办公及服务体系,如大学生信息管理系统、高校大学生教育管理网络互动系统等,推动管理方式方法的创新。

(二)当代高校大学生教育管理的新情况

1. 管理环境的新变化

(1)随着国际国内环境的变化,高校大学生教育管理环境呈现时代性特征。一方面,全球化推进,我国在各领域国际交流合作频繁,高等教育国际化进程加速。这将面临西方文化价值观冲击,需要保持中国特色。二是改革开放带来深刻社会变革,大学生教育对象多样化,管理需针对不同需求做出相应调整。三是高等教育法制化进程加速,个人权利意识提升,学校管理需从严管理与以人为本相结合。在这背景下,高校学生管理体制需革新,与时代特征相符,拓展工作内容,采用新方法,以适应社会发展和变化需求。

(2)高校办学模式的变化增加了大学生教育管理的复杂性。随着高等教育规模扩大和高校后勤社会化推进,部分高校从单一校区转为多校区,校园从封闭式变为开放式,形成大学城。学生出现生活社区化和成长环境社会化问题,活动走向社会化。管理从建制式向流动式转变,安全管理面临挑战,难度增加。学分制和弹性学制推广导致教学模式打破,班级观念淡化,学生自主选择形成多变的听课群。管理对象复杂化,评价体系失效,原有激励机制难以实施。以班级和党团组织为基础的管理体制不适应新变化,基层管理组织作用削弱。

(3)随着社会的发展,大学生教育管理面临着不断变化的环境,其中就业、资助

和心理等方面的需求凸显出来。在就业管理方面，面对就业难问题，学生对国家政策和市场规律了解不足，就业心态和诚信观念出现偏差。他们对学校提供的就业服务有较高要求，但现实中并不尽如人意。高校就业管理需根据学生需求不断调整，确保学生顺利就业。在资助管理方面，尽管我国经济快速增长，但经济困难学生依然较多。传统资助模式只关注物质援助，未能满足学生的精神需求。新时期的资助管理需扩充内容，增加工作难度，确保学生不因经济原因辍学。在心理健康发展方面，部分学生出现心理问题，影响学习生活。心理咨询与调适受到认可，但学生心理特点与问题具有时代特征，需密切关注并有效解决。目前出现了"复困生"，面临经济、就业和心理困难的复合问题，增加了管理难度。高校管理应综合考虑各方面需求，不断优化服务，确保学生全面发展。

（4）互联网的发展给高校大学生教育管理带来了挑战。网络成为学生主要获取信息的渠道，促进了学生的学习兴趣和创新意识。然而，网络也存在负面影响，如知识权威性受到质疑，虚拟世界沉溺导致学生受骗等问题。管理工作者需要具备网络化思维，加强正向管理，消除网络负面影响。

2. 管理对象的新特点

《中共中央、国务院关于进一步加强和改进大学生思想政治教育的意见》指出，尽管当代大学生思想整体积极健康，但在市场经济和对外开放条件下，其思想活动呈现出更多的独立性、选择性、多变性和差异性。部分大学生存在政治信仰迷茫、理想信念模糊、价值取向扭曲、诚信意识淡薄、社会责任感缺乏、奋斗精神淡化、团结协作观念较差、心理素质欠佳等问题。

（1）不同学生群体在理想追求、知识水平、生活背景、努力程度等方面呈现显著差异。党员群体是优秀青年代表，具有坚定理想信念、积极政治意识、价值观积极向上等特点，但个别存在党性修养不足、功利性明显等问题。学习优秀学生群体目标明确、求知欲强、具有良好学习习惯，但也有部分表现出高高在上、脱离群体等倾向。后进生群体理想信念模糊、缺乏社会责任意识，部分存在价值观念扭曲、秩序意识淡薄等问题。经济困难学生群体表现多样，具有上进心和艰苦奋斗精神，但也存在精神负担重、易发生心理问题等情况。

（2）不同年级的大学生呈现出不同特点。大一学生对大学生活充满期待，但部分适应能力较差，表现出学习目标丧失、人际关系处理不当等问题。大二学生学习目标明确,逐渐理性定位自我,但也出现心理问题。大三学生开始分化为保研、考研、就业等群体,展现不同特征,如保研学生更加努力学习,考研学生学习规律性增强,就业学生积极准备就业。大四学生面临着保研、考研、就业的压力,表现出焦虑、急躁等特征。随着学年结束,学生自由时间增加,社会兼职增多,毕业前夕聚会多,安全隐患增加,管理工作量大大增加。

3. 管理任务的新要求

(1) 高校学生管理任务的根本要求是坚持"育人为本、德育为先",解决大学生实际问题。大学生是宝贵人才资源,国家的希望和未来。高校应以育人为中心,强调"德智体美、德育为先",从教书育人、服务育人和管理育人入手,贴近实际、生活和学生,解决实际问题。辅导员的任务包括日常思政教育和服务育人,加强班级管理,遵循教育规律,创新工作,提高技能水平,调查研究变化,调整方法,运用现代科技手段,拓宽工作途径,提高工作实效和吸引力。

(2) 当前高校学生管理面临着一体化运行、专业化发展、个性化服务、信息化促进、法制化保障等现实要求。传统学生管理已不适应时代的复杂挑战,需要拓展至教育、管理、咨询和服务,确立基本任务为群体组织、行为、安全、资助、就业管理及评估,实现一体化运行。高校学生管理应走专业化道路,以提高效率和效益。第三,应实现个性化服务,促进每位学生的成长成才。第四,网络化已成为学生管理的重要阵地,需利用网络加强教育、管理和服务,建立信息化系统提高工作效率。第五,法制化需严格遵守国家法律法规,制定符合法律原则的规章制度,增强管理权威性,保障学校正常秩序。

二、高校大学生教育管理的创新

(一) 高校大学生教育管理创新的路径

新时期高校大学生教育管理创新的路径主要包括引导学生实现自我管理、探索网络信息化管理和加强管理队伍建设。引导学生实现自我管理是培养学生自觉遵守规章制度、自我规划学习生活的能力,以提升他们的自律性和责任感。探索网络信息化管理意味着充分利用互联网技术,建立网络化的管理系统,加强对学生在线行为的监管和引导，以应对网络时代的管理挑战。加强管理队伍建设则是通过培训和选拔优秀管理人员，提高管理团队的专业素质和管理水平，以更好地适应和引领高校大学生教育管理的创新发展。

1. 以学生为本，引导学生实现自我管理，推进高校大学生教育管理创新

教育和管理相辅相成，缺一不可。大学管理以人为本，与人才培养有着特殊关系，因此管理必须契合全新的理念。管理理念是对对象深层次本质和规律的观念，要与科学发展观相契合，追求以人为本的管理。以人为本意味着尊重学生的发展特点和人格个性，创造良好的教育环境，培养创新人才。关键在于发挥学生的主体性，尊重其学习需求，使教育活动忠实于教育本质，发挥学生潜能，培养积极向上的力量。管理工作不是简单的约束和控制，而是为培养人才创造条件。学生既是管理者又是被管理者，这种角色转换增强了自我管理的积极性和责任感，使他们在学习中不仅获得知识，更学会做人，增强主体意识。

2. 运用网络实行信息化管理，推进高校大学生教育管理创新

在高校大学生教育管理的创新过程中，强调运用网络进行信息化管理，充分利用现代科技手段应对不同时期的发展新情况和趋势。通过开发管理平台、整合管理资源，实现网络化和数字化管理，将管理方式由封闭式转变为开放式，加强了管理与思想政治教育、学分制等学校管理制度以及社会管理的融合。网络实现信息化管理推动高校大学生教育从单一管理转向综合管理，紧密结合管理与服务，促使服务成为管理的有效手段。

在创新管理方法方面，充分发挥网络虚拟互动平台，实现师生有效互动，从传统的说教转变为参与、从灌输变为交流、从命令变为引导，创造学生主动参与的全新工作局面。在创新管理手段方面，关键是通过网络信息化促进法制化的规范管理，建立合理的程序机制。这有助于提高管理效能，确保管理决策的科学性和合法性，从而更好地推动高校大学生教育的发展和管理的现代化。

3. 加强管理队伍建设，推进高校大学生教育管理创新

加强学生管理人员队伍建设是确保管理工作顺利开展的重要保障。随着新时期社会形势的变化，高校学生工作也发生了许多变化。学生工作的一些职能转化了，一些职能弱化了，一些职能需要强化了。学生工作由过去重管理向现在重教育、咨询、服

务转化。心理健康教育、经济困难学生资助、助学贷款、就业指导等学生工作职能必须得到强化，才能适应形势需要。

同时，大学生群体的思想问题和实际问题也更加复杂化、多样化，这就需要管理工作队伍凭借智慧、知识和技能形成"专家化"的本领。从高校大学生教育管理工作的发展趋势来看，高校学生管理工作队伍必须走专业化道路。就当前高校大学生教育管理工作队伍而言，虽然在政治素养、敬业精神、个人品德上是合格过硬的，但在驾驭、解决实际问题的能力和本领上还与现实要求有较大的差距，在不同程度上存在着"本领恐慌"。

一些管理工作者带着固有的陈旧观念和思维定式面对学生，不了解也不理解当代学生与以往迥然有别的内心世界和真实想法，甚至在语境上都难以与学生沟通，形成了代沟和隔阂。一些管理工作者虽然充满热情，但是缺乏相关的基本训练和专业知识，甚至在信息的获取和熟悉上还不及学生，难以对学生产生真正有效的指导。

显而易见，"本领恐慌"状态下与学生产生的隔膜，解决不了学生面对的实际困难，也解决不了学生的思想问题。需要有专职从事学生管理工作的人，通过专业方式担当起新时期学生管理工作的重任，以工作的专业化带动队伍的专家化。要超常规选拔人才，高起点聚合精英，不拘一格，广纳贤才，培育一支数量足、素质高、业务精、能力强的专业化学生管理工作队伍。

（二）高校大学生教育管理创新的内容

1. 突出高校大学生教育管理中的育人功能

高校大学生教育管理旨在实现国家培养人才的目标。其创新内容需注重育人功能，突出以培养全面发展的德、智、体、美、劳人才为目的的管理。这体现在资源配置和学校各部门的教务、安全、行为、群体组织、就业、资助等管理方面。有效发挥管理中的育人功能需要处理好管理与思想政治教育的关系，将两者有机结合，自觉遵循教育规律，强调思想政治教育在塑造大学生正确世界观、人生观、价值观方面的作用。只有如此，才能实现高校大学生教育管理的科学、有效创新。

2. 完善高校大学生教育管理中的规章制度

高校大学生教育管理创新必须以生成为基本的管理规章制度，长期坚持，不断完善，方能推动管理工作不断上新台阶。在规章制度建设方面，除了国家层面的保障外，高校自身还应努力创新学生管理工作制度，形成一套宽容有序、落实有力、鼓励创新的工作制度，为学生管理工作走上创新之路提供可靠保证。这不仅是为完善规章制度而进行制度设置，更是在高校大学生教育管理的日常工作经验的不断积累和实践过程中的完善和创新。高校大学生教育管理要牢固树立依法治校、依法治教的法制观念，通过正当程序控制学生管理过程，规范权力运行程序，彻底避免学生管理运行的无序性、偶然性和随意性，保证管理行为的合法性和高效性。

3. 健全高校大学生教育管理中的服务体系

高校大学生教育管理的对象是青年大学生群体，不仅涉及大学生的生活、学习，而且涉及大学生社会实践和求职就业等方面。大学生活动的范围、领域、内容、目的都随着时代的发展和要求而不断地呈现出新的发展和变化，影响大学生的各种因素也相对复杂。这就要求高校大学生教育管理不能仅仅是管理者的管理、单纯的事务性的管理，而更应该是作为被管理者的青年大学生主动参与的管理、全方位服务性的管理。高校大学生教育管理要强化和健全管理运行中的服务体系，积极健全管理中的服务软件和硬件体系。一方面，要进一步解放思想，深化对管理的认识，树立服务意识和服务观念，在高校大学生教育管理中不断提升服务水平，营造管理育人、教书育人、服务育人的各部门齐抓共管的良好局面。另一方面，要加大投入和研发力度，充分利用网络信息技术平台，实现网络化、信息化、一体化的教务、安全、就业等服务平台，引导大学生主动参与到管理中，最终实现自我教育、自我管理和自我服务。

第四章　高校学生的自我管理及民主管理思维创新

第一节　高校学生自我管理的特征、原则及作用

高中学生的自我管理是一种旨在激发学生主动性的管理方式。它要求学生根据教育目的和培养目标，运用现代科学管理方法，有效地调动自身的积极性，培养和发展自己的思维能力，规范和控制自己的言行，完善和调节自己的心理活动。

一、高校学生自我管理的特征

（一）对象特征

即管理与被管理两者的统一。学生自我管理同其他管理活动的根本区别就在于，其他管理活动强调的是对他人或他物的管理，而学生自我管理则是行为发出者作用于自身的活动过程。自己既是管理者，又是管理对象，这是自我管理最基本的特征。进行自我调节和控制，是学生自我管理的实质所在。

（二）过程特征

在学生自我管理中，一个不断螺旋式循环的过程涵盖了四个关键要素：自我认识、自我评价、自我控制和自我完善。这四者共同构成了学生自我管理的核心理念，使其成为一个统一的整体。自我认识是学生自我管理的基石，通过对社会、他人和自己的深刻理解，学生能够更清晰地描绘出自己的定位和目标。

（三）内容特征

不同的时代具有不同的内容，这一特征在两个方面展现着深刻的含义。生活在特

定社会条件下的个体，包括学生在内，其思想水平、知识水平和心理素质都会受到时代的烙印。社会的变迁、科技的发展以及文化的演变不仅塑造着个体的认知模式，也影响着其行为和价值取向。我们理解学生的自我管理时，必须考虑到这些时代背景对其塑造的影响。

学生自我管理的目标及其社会意义也具有鲜明的社会、政治、经济和文化特征。今天，我们生活在一个为自我管理提供丰富营养的现实土壤中。作为新时期的高校大学生，他们应该以热爱祖国、热爱人民为己任，追求真理、锐意进取，勇于面对艰难困境，勇往直前，为社会的发展和进步贡献自己的力量。

学生不仅需要关注个体发展的层面，更应当将自我管理的目标融入社会整体发展的大背景中。在这个过程中，培养对时代的敏感性和责任感，将有助于塑造具有社会责任感和使命感的高校学生，为构建更加繁荣、和谐的社会奉献自己的智慧和力量。

二、高校学生自我管理的原则

学生自我管理的有效性不仅仅取决于个人意愿和努力，更需要在整体上反映社会和学校的需求。这种管理必须受到社会条件和学生管理制度的制约，并符合社会道德规范，与学校的培养目标一致，同时融入社会和学校管理的整体框架：

（一）自觉自愿原则

学生自我管理是一种重要的管理方式，涵盖了从管理内容的制定、目标的组织与实施，到信息反馈、总结纠编等方面。在这个过程中，学生需要自主编排并保持自觉自愿的态度，而这并非漫无目的的放任。为了确保自我管理的正确方向，学生在此过程中必须接受学生管理部门的指导和必要的约束。

在集体自我管理方面，必须注意吸收全体学生的参与，充分调动每个人的聪明才智。这意味着每个学生都应该积极参与管理工作，共同构建良好的学习环境。团结合作、互相支持，将有助于形成积极向上的学习氛围。

而在个体自我管理方面，学生应该最大限度地调动自身在各方面的活动兴趣。这包括激发对知识的好奇心、发挥在特定领域的特长，并在学习过程中不断提升自己的技能和能力。通过自我管理，学生能够更好地发掘潜力，提高自身素质，为将来的发展奠定坚实基础。学生自我管理不仅要注重集体的团结与协作，还要关注个体的全面发展。在这个过程中，学生需要时刻保持对学生管理部门的敬畏之心，以确保自我管理不偏离正确的轨道，实现个体与集体的双重提升。

（二）认识评价原则

学生要实行有效的自我管理，首先需要全面认识自己以及所在的班组、学校，ja进而涉及整个社会的地位。这个过程中，参与与认识是相辅相成的，只有通过积极参与，学生才能深入了解自己所处的环境。在这个认识的过程中，学生需要关注多个方面，包括个体的政治素质、文化素质、心理素质、身体素质和社会阅历等，这些构成了自我管理的内在条件。同时，外部环境也对自我管理产生深远影响。班级和学校的状况、目标、任务、结构和功能，国家政策、经济文化背景以及社会规范等，都是自我管理的外在条件。正确认识社会，客观评价自己，成为关键，使自我管理更贴近实际。这种全面认识既包括对个体自身的优势和不足有清晰了解，也包括对所处环境的深入洞察。通过这种全面认识，学生能够更好地调适自己，制定明确的目标和计划，并在复杂的社会网络中做出明智的选择。有效的自我管理需要内外条件的有机结合，通过深刻认识实现自身的全面发展。

（三）严密性与松散性相结合的原则

学生自我管理中的严密性和松散性是相辅相成的两个重要方面。严密性要求在集体和个体自我管理中都确保相对稳定的组织结构，具有明确的宗旨和科学可行的计划，同时需要有相对稳定且水平较高的骨干力量。对于个体自我管理而言，严密性要求个体设定明确的目标，制定周密的计划，并保持良好的心理状态。在集体自我管理中，严密性的体现是在有组织的框架下，确保有明确的集体宗旨和科学可行的计划。骨干力量的存在对于集体决策和执行起到了关键作用。这种有序的组织结构和严谨的管理制度，有助于确保共同利益得到维护，教育目的得以实现。

然而，在维护严密性的前提下，松散性的引入是为了灵活应对不同情境。这意味着在学生自我管理的时间、地点、参与人员、活动内容和形式上可以作出一定的选择。这种松散性并非是对严密性的放任，而是在保持有序性的同时，为学生提供更多参与和选择的机会，以促进他们的个性发展和主动性。在高校学生群体内部结构层次的复杂性中，要强调集体意识的强化。学生应当自觉服从并维护集体决议，模范地参与集体工作，以确保自我管理沿着正确的方向前行而不失控。同时，要在尊重集体利益和共同要求的前提下，充分尊重学生个体的差异，促进个性发展。这可以通过互相尊重、互相学习、相互帮助的方式来实现，形成一个积极向上的学习和成长氛围。

综合而言，学生自我管理中的严密性和松散性应当辩证统一，通过有序的组织结构和灵活的管理方式，确保学生在集体中发挥个体特长，实现个体与集体的有机统一，为个体和集体的共同发展创造有利条件。

三、高校学生自我管理的作用

学生自我管理有两大作用。

加强学生自我管理首先有利于促进学生的健康成长。青年学生正处在心理的"断乳期"、转折期、自我发现期，强烈追求意志和人格受到外界尊重，具有强烈的参与意识。学生自我管理满足了这种心理愿望，促进了心理的健康发展，减少怨气，有利于学校的稳定。然而，学生世界观、人生观尚在形成，面临错误思想的干扰。学生自己需加强理论、思想修养，提高辨别和抵制错误思想的能力，促使自己健康成长。

学生自我管理有助于增强学生适应社会的能力。当前我国教育与实践相脱节，学生动手能力和创造精神较差，而社会对学生的要求日益提高。在学生期间实施自我管理，缩小知识与社会需要的差距，增强自我认识、自我评价、自我控制能力，为适应社会奠定基础。学生需要利用一切机会，有针对性地实施自我管理，实现自我完善，为未来顺利适应社会打下坚实基础。

第二节 高校学生自我管理的内容和途径

一、高校学生自我管理的内容

学生自我管理的内容受时代对高校学生的要求和历史赋予的使命影响，涵盖思想素质、业务素质和身心素质三个方面。业务素质的自我管理是在老师指导下，通过积累知识、发展智力和锻炼能力而进行的管理。树立正确的成才观至关重要。学生的成才不仅与知识和智能相关，更主要取决于正确的学习目的和勤奋的精神。那些极端利己、自私的人可能不但不能成才，还可能成为人民的罪人。只有那些具有远大理想和抱负的人，将知识、智能、素质、觉悟统一于自身，把个人前途与国家、民族利益紧密联系，才能在事业中有所建树。业务素质的自我管理要求学生在老师的指导下通过积累知识、发展智力和锻炼能力，树立正确的成才观，将个人前途与国家、民族利益紧密联系，从而在事业中有所建树。

学生在业务素质的自我管理中应当掌握学习规律，完善知识结构。主要任务是通过艰苦而复杂的脑力劳动，不断增长知识，提高能力。课堂学习是主要途径，而预习、听课、复习等是学生加强自我管理的关键环节。学生还需培养自学能力。获取完整知识需要书本知识和实践知识两者结合。深入实践、向社会学习，是在实践中积累和完善个人知识的重要途径。

学生应致力于完善和优化智能结构。智能包括观察力、记忆力、思维力、想像力和操作能力等五个要素，共同构成了智力和能力的总体表现。在大学生业务素质的自我管理中，必须加强对这些要素的培养，以完善和优化智能结构。通过培养这些能力，学生可以更好地观察、分析和解决问题，提高自己的学术水平和实际操作能力，为未来的职业发展奠定坚实基础。

二、学生自我管理的途径

学生自我管理是在家庭、社会和学校管理教育的影响下进行的自我规划、自我调节、自我教育和自我完善的过程。受到人和社会环境的复杂性影响，实现自我管理的途径和方法多种多样、纵横交织，不断发展变化。家庭、社会和学校通过灌输、诱导、组织和指导，为学生提供了塑造自己的机会和框架。在这复杂的交互关系中，学生需要灵活运用各种策略，不仅适应变化的环境，而且不断调整自身的目标和行为，以实现有效的自我管理。这种全方位的自我管理能力将有助于学生更好地面对未来的挑战和机遇。

（一）加强学校民主建设，促进学生自我管理

学校民主建设的本质在于将广大教师和学生真正视为学校的主人和学习的主体。通过在学校倡导科学、崇尚民主，为师生创造民主参与管理的机会，实现教育管理的参与性。这样的做法旨在让教师和学生在工作和学习中感到自己是社会的主人，是学

校的主人，从而激发起他们的自觉性和主动性。这种民主建设有助于形成稳定的、持久的学校凝聚力，树立良好的学风和校风。如果学校无法满足师生的心理需求，仍将他们视为纯粹的管理对象，采取命令式管理，只会压制学生的主动性，伤害学生的自尊心，引起学生的逆反和不满。事实证明，良好的学风和校风主要靠群体的力量、群体规范以及舆论等无形的力量形成，而非仅仅依赖行政管理的强制力量。

民主建设被认为是学校培养人才的前提和保证。学校的管理制度逐步完善，明确了学生的道德和行为准则，为学校的日常教育和管理工作提供了规范。这些制度在思想教育和制度约束中，促使广大学生不断调节自己的思想和行为，将外部压力逐步转化为内在动力，实现自觉遵守和自觉维护，从而取得显著效果。民主建设与制度管理相互促进，为创造良好的校园环境提供了保障。

民主管理的核心是公开和平等。为提升学生的主体意识和平等意识，学校管理工作应保持公开、平等，建立相互理解、尊重和信任的关系。公开意味着提高管理透明度，平等则要求管理者和师生平等对待，真诚合作。学校应创造知政、议政和参与管理的场所和条件，扩大学生与管理的沟通渠道，发挥学生在管理中的作用。学生参与管理使其有了归属感和主人翁感，能够发挥集体智慧，促使决策更为明智。参与管理也是调动学生积极性、培养学生能力的有效途径，扩大学生与管理部门的联系。

提高人的素质是实现民主管理的首要条件。人是管理的核心，而提高思想、道德、知识素质是关键。学校需强化思想政治教育，发挥党团组织、管理者和教师的作用，鼓励学生参与教育改革，激发自我爱、自我强的动力。通过各种形式帮助学生明确民主与集中、自由与纪律的关系，增加民主意识，树立正确的世界观和人生观。只有在学生拥有了这种"精神能源"时，学校的民主管理才会有坚实的基础。

（二）搞好学生组织建设，强化学生自我管理

学生组织在学校管理中扮演着重要的角色，包括校、系、班级的学生会、班委会、团组织等，是学生自我教育、自我服务和自我管理的主要形式。加强学生组织建设的关键在于选好、用好学生干部，他们既是被管理者，又是学校管理干部的助手和学生活动的组织者。建设一个良好的集体离不开优秀的学生干部，他们对学生管理工作的贡献至关重要。

学生组织的建设不仅需要优秀的学生干部，还要发挥组织的教育和管理功能。在

教育方面，学生组织可以组织学生学习理论、时事政治、业务知识，通过各类活动帮助学生探讨关系问题，形成良好的学风。在管理方面，学生组织要依靠管理制度，与学校管理部门协同工作，提高管理效能。在服务方面，学生组织既要为学生服务，也要为学校服务，促进良好的校园环境的形成。

为了更好地加强学生组织建设，改进管理方法至关重要。制度管理法、榜样示范法、正面激励法、民主管理法等是不可或缺的手段。采用科学有效的管理方法，能够提高工作效率，使学生组织更好地实现自我管理的目标。综合而言，加强学生组织建设是学校管理的重要方面。通过选好、用好学生干部，发挥组织的教育和管理功能，以及改进管理方法，学校能够更好地促进学生成长、培养他们的自觉性和主动性，从而推动学校管理工作的顺利进行。

（三）加强社会实践活动，完善学生的自我管理

加强社会实践活动，首先需要在教学过程中搞好实践环节的自我管理。高校学生的主要任务是学习，而实践活动是学校为了使学生将所学知识应用于实践而设置的环节。学生应该扎实掌握专业的基础知识、理论和技能，成为合格的学生。搞好教学中的实践环节是学生自我管理的首要问题。每位学生应根据专业特点和实践要求，自觉参与实验、实习、考察和劳动等实践环节，勤学习、动手、思考、总结，不断提高运用知识的能力。

加强社会实践活动还需要搞好校内外实践活动的自我管理。校内外实践活动是教学环节的延伸，也是培养学生自己爱好、特长和发展的途径。自我管理的关键在于根据个人爱好和特长组织或参加学校社团活动，培养自主、自强的责任感，适应社会发展所需的素质。积极参与学校组织的竞赛活动，培养参与意识、竞争意识和集体意识，锻炼组织和社交能力。在假期充分利用时间进行社会调查和各种形式的社会服务，了解社会，坚定信念，促进全面发展。同时，完善管理制度和措施，克服松散和多重管理现象。

学生自我管理的途径和方法多种多样，不论采取哪种，其效果不仅依赖于社会、学校的关怀和支持，更取决于学生自身的努力和修养。高校学生需要在学校、家庭和社会的教育、管理和指导下，树立崇高理想，加强道德修养，善于学习和实践，将个人理想与社会需求相结合，实现自我管理的卓有成效。这样的努力不仅有助于学生个人的成长，也为社会的进步和发展做出了积极的贡献。

第三节 高校大学生民主管理

在社会主义国家，公民不仅是社会管理的对象，同时又是社会管理的主人。中国的大学生在高等学校里，参与民主管理既是主体与客体统一的体现，又是中国大学的社会主义性质的体现。学生自我管理是一种重要实践，涵盖了管理内容的制定、目标的组织和实施以及信息反馈、总结纠编等方面。自觉自愿参与管理，不是放任自流，而是在指导和约束下自主进行。集体自我管理强调全体学生的参与与智慧的调动，而个体自我管理则着重于发挥个人的兴趣和特长。这种自我管理不仅是学生自我价值实现的需要，也是中国大学社会主义教育的重要体现。

一、大学生民主管理概述

（一）什么是大学生民主管理

大学生民主管理体现了社会主义民主的本质，其目的在于运用社会主义民主的形式，激发和发挥大学生内在的积极因素和自主精神。在学校行政管理人员的领导下，这种管理形式有助于组织大学生广泛参与管理活动，旨在培养德、智、体全面发展的"四有"人才。这种管理方式明确了社会主义的方向性，将社会主义民主的形式融入大学生民主管理中，使其具有明确的目标和意义。离开了社会主义的方向，管理就可能失去明确的指导思想，也就失去了实现全面发展目标的动力。

大学生民主管理采用的是社会主义民主的形式，强调的是民主集中制，而非无政府主义或过度民主化。这意味着在民主的基础上，仍保持一定的集中和领导。大学生在学校领导和老师的指导下，不仅参与行政管理部门的管理，还负责管理自身事务，体现了一种有序而有效的管理模式。作为高等学校大学生管理系统中的子系统，大学生民主管理具有参与和监督的基本作用。这种管理形式不仅仅是为了行政事务的执行，更是在培养学生的领导力、团队协作能力和社会责任感方面发挥着重要作用。通过参与管理，大学生能够更全面地发展自己的各方面素质，同时也能为学校的和谐发展做出积极贡献。大学生民主管理是一种有益于培养社会主义核心价值观、提升学生综合素养的重要管理形式。

（二）大学生民主管理的必要性和可能性

校园秩序的维护与建设不仅需要学校科学的管理手段，更离不开大学生的积极参与和主动管理。在这个过程中，调动大学生参与民主管理的积极性显得尤为重要。如果大学生能够将建立良好的校园秩序视为自己的责任和使命，那么校园秩序的建设将更加深入人心，形成有力的管理支持。学校的科学管理是确保校园秩序的基础，但是若缺乏大学生的参与与管理，管理的效果将大打折扣。发动大学生参与民主管理不仅有助于提高管理的效能，更能在管理实践中培养和提升大学生的才干和领导能力。通过参与管理，大学生将更加深刻地理解组织协调、问题解决等方面的技能，为他们未来的职业和社会角色的承担提供有力的支持。

当代大学生具有较强的自主意识，对于传统的"受人管"往往持有反感态度。然而，实践证明过度的自主可能带来随意性，不利于他们的健康成长。通过调动大学生参与民主管理的积极性，可以在规范中培养他们的责任心和纪律性，使其在自主的同时也能够保持秩序和规范。当代大学生的参与感很强，他们愿意通过参与管理来提高自己的才干和能力。调动他们的积极性并为其提供更多管理的机会，既是必要的，也是可行的。通过建立民主管理机制，让大学生参与决策、规划和执行，不仅能够更好地满足他们的需求，也能够培养他们在集体中的责任感和团队协作能力。综合而言，大学生的积极参与民主管理是建立良好校园秩序的关键一环，为学生个体和整个校园社区的发展提供了有力的支持。

（三）大学生参与民主管理的意义

通过大学生参与民主管理，可以使他们在实践中接受社会主义民主教育，培养正确的政治观点、社会主义民主意识和民主精神。这对于培养社会主义新一代人才，以及对全社会政治上的安定团结都具有重要意义。大学生参与民主管理不仅有益于沟通学校领导与学生之间的信息渠道，更能密切学校领导与广大学生的联系，促进良好的师生关系的建立。这种参与有助于学校领导及时了解学生的需求与情况，克服官僚主义，改进工作作风，从而提升学校的管理水平和服务质量。

在政治方面，大学生参与民主管理有助于实现政治的安定团结。通过广泛参与决策和管理，学生能够更好地理解并接受社会主义价值观，形成共同的政治信仰，促进学校内部的和谐与统一。这也有助于巩固党的领导地位，增强全社会的政治稳定。最重要的是，大学生参与民主管理可以培养一批有领导才干、有管理能力、有献身精神的政治积极分子。这对于党的建设和社会主义事业的推进都具有深远的意义。这些积极分子将成为未来社会的中坚力量，为社会主义事业的不断发展和壮大贡献着重要的力量。大学生参与民主管理不仅是学校管理体制的创新，也是社会主义事业不可或缺的一环。

二、大学生民主管理的组织形式

（一）学生民主管理的组织

大学生的组织包括共青团组织和学生会组织，它们都是学生参与民主管理的组织形式。虽然共青团组织是党的助手，先进青年的群众性组织，而学生会组织是大学生的群众组织，两者的具体目标和任务略有差异，但就建立良好的校园秩序、培养社会主义建设人才的总目标而言，它们是完全一致的。

这两个组织都必须在学校党组织和行政管理系统的领导下进行活动。它们并非完全独立于学校党政领导之外，因此不能被称为自我管理组织。学校党组织和行政管理系统的领导为这些组织提供了指导和支持，确保它们的活动符合学校的整体方向和目标。

在学生参与民主管理中，班级组织和团支部组织是最重要的基本组织。这些组织在调动学生的积极性、完善民主管理制度方面发挥着关键作用。通过激发班级和团支部中学生的主动性，可以促进良好的校园秩序的建立。完善民主管理制度也是确保学生参与管理的有效途径，让学生在组织内部有更广泛的参与和决策权。

综合而言，共青团组织和学生会组织在学生参与民主管理中都发挥着重要角色，而班级组织和团支部组织则是基础组织，通过调动学生积极性和完善制度，为建设良好的校园秩序和培养社会主义建设人才提供了特别重要的支持。这些组织共同促进了学生的全面发展和参与校园管理的有效性。

(二）学生介入学校管理系统参与学生管理的形式

通过学生代表参加有关学生管理会议，反映学生的意见、要求等方式，成为实现学生参与管理的一种有效途径。在一些高校中，学生代表被聘为行政领导干部的助理，这是其中的一种具体形式。通过这种方式，学生代表能够直接参与决策过程，为学生群体发声，推动管理决策更贴近学生实际需求。这种安排既是对学生参与管理的一种信任，同时也是在管理体系中为学生争取更多发言权和影响力。这种密切的学生与管理层的联系，有助于形成更加开放、包容的管理机制，促使学校管理更加贴近基层、贴近学生，实现了学生代表在管理中的积极作用。

（三）专业性的学生民主管理组织

例如，一些学校建立了学生宿舍管理委员会、伙食管理委员会、卫生管理委员会、治安保卫管理委员会、纪律管理委员会等多个组织，旨在通过学生自己处理或协助学校处理问题，从而维护校园秩序。这些委员会在行政管理部门的领导、协助和支持下，有效地组织起来并展开相关工作。

尽管这些组织在处理问题时得到了行政管理部门的领导，却并非有权自行制定与学校规章制度相抵触的管理制度。其职责主要是在学校规定的框架内运作，确保管理活动与学校整体目标和价值观一致。这种限制旨在保持组织活动的法治性和规范性，避免与学校管理体系发生冲突。

这种协同作业的方式使得学生有机会参与到校园管理中，增强了他们的责任心和团队协作能力。同时，行政管理部门的支持为这些委员会提供了更大的操作空间，使他们能够更有效地履行职责，促进校园内的秩序维护和发展。这种合作模式有助于建立积极向上的校园氛围，培养学生的领导潜能，推动学校整体发展。

三、大学生民主管理的原则

大学生参与民主管理必须遵循以下原则：

（一）导向的原则

在建立良好的校园秩序中，大学生的学习和生活秩序是一个关键方面。尽管学校的科学管理起着重要的作用，但要真正建立良好的校园秩序，必须依赖大学生的参与与管理。将建立良好的校园秩序作为大学生个人的责任和事业，需要调动他们参与民主管理的积极性。

现代大学生具有较强的自主意识，对传统的"受人管"持反感态度。然而，纯粹的自主往往导致随意性，不利于他们的健康成长。在这一背景下，调动大学生参与民主管理的积极性显得尤为重要。民主管理的导向需要坚持四项基本原则，反对资产阶级自由化，遵守法律、法规以及学校的纪律和条例，坚持党的教育方针，保持正确的道德取向等。这一导向的正确性不仅使民主管理不会迷失方向，而且能够培养学生守法守纪的意识和习惯。

在民主管理的框架下，大学生有机会通过参与管理来提高自身的才干和能力。这种参与不仅有助于提高管理效能，更有助于学生在实践中培养自己的领导力和组织能力。大学生的自主意识和参与感较强，他们愿意通过参与民主管理来积极地塑造校园秩序，实现自身的成长与发展。

综合而言，调动大学生参与民主管理的积极性是建立良好校园秩序的必要步骤。正确的导向确保了民主管理的方向不偏离正轨，而大学生的参与则为他们个人的成长提供了宝贵机会。通过共同努力，学校能够培养出更加守法守纪、有责任心和积极参与社会管理的新一代大学生。

（二）自主和尊重的原则

民主管理需要调动学生的积极性，这就要充分发挥学生的自主精神，减少对外界的依赖。在这一过程中，对学生自主做出的符合原则的决定要给予充分信任和支持。即便出现错误，管理者也应尽可能启发学生自己去找出并纠正，同时要避免伤害他们的自尊心。在这种环境下，学生感受到被尊重和被信任，有助于激发他们更积极、更主动地参与管理和决策的过程。管理者的责任在于加强领导，及时给予指导，但并非代替学生做出决定。要尽量让学生站在管理的前台，让他们体验决策和管理的责任。这有助于培养学生独立思考、自主决策的能力，提高他们的领导素养。通过强调学生的主体地位，管理者能够促使学生更加深入地参与到学校事务的决策和管理中，增强他们对学校命运的责任感和归属感。

在民主管理中，重要的是在给予学生足够自主权的同时，通过领导者的引导和指导，帮助他们更好地行使权力，使学生能够在民主管理的框架内更好地展现个人能力，同时也能够形成共同的、符合整体利益的决策。这样的管理方式不仅能够调动学生的积极性，还有助于培养他们的领导潜能和团队协作能力。

（三）启发的原则

在管理者看来，有些事情可能被视为简单，但大学生可能会产生争论不休的现象，这主要是因为学生缺乏实践经验。管理人员在这种情况下的作用应该是给予适当的启发，尽可能引导学生自己去得出结论，而不是轻易代替学生做出选择，简单地指出结论。这种做法有助于培养学生的独立思考和决策能力，使他们在实践中逐渐积累经验，更好地适应社会和解决问题。管理者应该注重引导和启发，让学生通过思考和实践，逐步形成独立、明智的判断和决策能力。

（四）充分讨论的原则

民主管理相较于指令性管理确实更为复杂，因为它涉及多方面的意见和观点，需要通过反复的讨论来达成共识。这过程可能会耗费大量时间，但只要是认真讨论，这些时间并不会白费。在民主管理中，每个参与者都有机会表达自己的看法和建议，这有助于综合各方观点，提高决策的科学性和民主性。讨论的过程中，人们能够深入思考问题，充分了解各种可能的影响和解决方案，从而使得最终的决策更为全面和可行。尽管耗时，但这种认真的讨论是民主管理的核心，为建立更加公正、包容的管理模式奠定了基础，使每个参与者都感到被尊重和重视。

（五）允许犯错误的原则

民主制度本身存在产生错误的可能性，因为其基本原则是服从多数。在学生参与的民主管理中，难免会出现决策上的误判，因为真理有时可能在少数一方。然而，要求学生在民主管理中不犯错误是不切实际的期望。有时候，正是通过犯错误，学生才能够获得更多的经验和教训。

关键在于，当出现错误时，学生应该勇于承担责任，并且有勇气主动改正错误。这种反思和修正的过程是成长和学习的一部分。在民主管理中，培养学生的责任心和勇气是至关重要的，因为他们将在未来的社会中面对更为复杂的决策和管理挑战。同时，管理干部在这一过程中也扮演着重要的角色。他们有时需要代替学生承担责任，这既是对学生的保护，也是为了培养学生在责任和决策方面的素养。这种做法有助于建立一种负责任的精神，使学生在参与管理中不仅能够发挥创造性，还能够在错误发生时以正确的态度面对并纠正。在民主管理中，容许错误的发生并教导如何处理错误，是培养学生全面素质的重要组成部分。

（六）民主程序的原则

实行民主管理必须严格遵循一定的程序，只有通过合理规范的程序，才能有效提高学生参与民主管理的积极性、培养民主精神和守法意识。民主管理的程序是确保决策的公正性、透明性和合法性的基础，也是促进学生参与的有效途径。

民主管理的程序应当包括广泛的信息收集和分享阶段。这意味着在决策之前，必须通过各种途径收集来自学生群体的意见、建议和需求，确保所有相关信息充分传达。这有助于形成全面、多元的决策依据，同时激发学生参与的积极性，因为他们意识到自己的声音是被重视的。程序应设立明确的决策阶段，确保每个学生都有平等的机会参与。通过组织公开、公正的投票或讨论，学生能够在集体决策中发表自己的看法，并为最终的结果做出贡献。这有助于培养学生的民主精神，使他们深刻理解集体决策的意义。

另外，民主管理的程序还要强调合法性和透明度。决策的过程和结果应当对全体学生公开，以确保决策的合法性和透明性。这有助于建立信任，使学生更愿意参与未来的决策，同时也培养了守法意识，因为他们在合法程序下达成的决策中认可学校的规章制度。综合而言，民主管理的程序是建立在严格的规范和程序之上的，它不仅确保了决策的合法性和透明性，也在实践中促进了学生的积极参与、培养了民主精神和守法意识。通过建立这样的程序，学校能够更好地引导学生共同参与校园事务管理，实现良好校园秩序的目标。

四、加强对大学生民主管理的教育和引导

调动大学生民主管理的积极性，必须加强对大学生的教育和引导。

（一）要加强社会主义民主理论教育。

关于民主的理解，许多学生在言辞表达上较多，但在实际实践中存在不少糊涂观

念。邓小平同志曾指出:"我们在宣传民主的时候,一定要把社会主义民主同资产阶级民主、个人主义民主严格地区别开来,一定要把对人民的民主和对敌人的专政结合起来,把民主和集中、民主和法制、民主和纪律、民主和党的领导结合起来。"这为进行社会主义民主教育提供了明确的指导思想。

在大学生参与民主管理的过程中,如果缺乏对社会主义民主理论的教育,就有可能导致其理解偏离正确方向。社会主义民主强调对人民的民主,与资产阶级、个人主义的民主有本质区别。学生需要理解社会主义民主与专政、集中、法制、纪律以及党的领导的有机结合,形成对于社会主义制度的全面理解。大学生在参与民主管理时,应该通过深入学习社会主义民主理论,明确社会主义民主与其他形式的民主的区别,同时认识到民主与其他制度要素的密切关联。这样的教育有助于引导大学生在实践中正确理解和应用民主概念,确保其在参与民主管理时不偏离社会主义的发展轨迹,同时为培养具有正确政治观念的新一代社会主义建设者打下坚实的思想基础。

(二)要加强民主管理中的责任意识教育

参与学校民主管理不仅是履行义务,更是大学生的权利。无论是尽义务还是行使权利,都必须具备正确的责任意识。尽义务是一种责任,而行使权利同样也需要承担相应的责任。这种责任的目标取向是学校对学生的培养目标,旨在培养学生成为具备社会责任感和积极参与的公民。责任意识的强弱与民主管理的效能成正比,强化责任观念有助于提升学生在民主管理中的积极性和参与度,从而共同推动学校的良性发展。

(三)在管理实践中帮助学生干部树立良好的作风

要培养学生干部密切联系群众的民主作风,批评与自我批评的作风,谦虚谨慎、戒骄戒躁的作风以及勤俭节约、艰苦奋斗的作风。学生干部的作风直接影响着管理工作的有效性和群众的信任度。通过密切联系群众的民主作风,学生干部能更深入了解群众需求,有效解决问题。批评与自我批评的作风能使干部不断反思提高,增强团队协作。谦虚谨慎、戒骄戒躁的作风有助于保持平和心态,更好地处理各种复杂情况。勤俭节约、艰苦奋斗的作风则激励干部更加努力工作。管理干部自身的良好作风将潜移默化地对学生产生正面教育作用,为培养学生成为有担当、有责任心的社会人才奠定基础。

(四)支持和帮助学生参与民主管理工作

在民主管理中,理解民主制度的本质就意味着必须接受可能产生错误的现实。多数原则往往只服从多数,而真理有时可能在少数一方。要求学生在民主管理中绝对不犯错误是不切实际的。有时候,正是通过犯错,学生才能更深刻地理解问题,积累经验。关键在于,当错误发生时,要勇于承担责任,积极主动地改正错误。有时候,管理干部也需要替学生承担责任,以培养一种负责任的精神。

对参与民主管理的学生,应当在强调为人民服务的前提下,根据其不同的职责,给予不同的物质和精神支持。这种支持可以在提供必要资源的同时,更要关注对其个别教育的重视。管理干部需要依赖一批积极分子,这些在群众中涌现的能干人才。对这些人才的个别教育不仅包括解决具体问题,还需要耐心地帮助他们总结工作中的经验和教训,解决思想和认识问题。

建立与学生干部的友谊、密切的关系和深厚的感情是至关重要的。这样的亲密关系有助于统一思想,增强团队协作力量。管理干部应该将培养对学生干部的关爱与培养党的积极分子的任务相统一,使其成为学校发展的重要力量。在这个过程中,学生不仅能够更好地参与管理,也能够在支持和教育中不断提升个人素质。

五、大学生民主管理的应有作用

(一)培养学生的责任意识、纪律意识和法律意识

很多学校采用发动全校学生民主讨论的方式来修订管理制度,通过将修订的条文提交给全校学生或学生代表大会进行投票表决,最终由校长批准施行。这一过程不仅是一种民主决策的实践,更是一个学习和教育的过程。在认真参与讨论的过程中,学生不仅了解了管理制度的具体内容,还培养了责任意识、纪律意识和法制意识。

由于讨论决策的结果直接关系到学生的校园生活和权益,因此学生往往会认真参与讨论,确保自己的声音被充分听取。这种积极参与不仅促进了学生的集体协作和沟通能力,也让他们在实践中理解了决策的重要性。而对于通过讨论认真制定的条文,学生往往会更愿意严格遵守,因为这是他们共同参与并批准的结果。

通过发动全校学生民主讨论,学校不仅实现了对管理制度的民主决策,还在过程

中培养了学生的责任心、纪律观念和法制意识。这种基于广泛参与和讨论的方式,为学生提供了一个全面理解、认同和执行学校管理制度的机会,从而促使他们更积极地参与学校事务,推动校园秩序的良好建设。

(二)培养学生的自律精神

激发学生的积极主动精神是非常重要的,特别是在日常的生活和学习中参与管理。通过引导学生参与宿舍和食堂的民主管理,不仅可以加强和改善管理,更能够培养学生的自律精神。在学生宿舍和食堂,经常存在一些难以通过传统管理手段解决的问题。然而,如果发动学生自己参与民主管理,大家能够共同讨论存在的问题,并集思广益提出解决方案,这样的参与和合作往往能够取得更好的效果。

通过民主管理,学生有机会深入了解宿舍和食堂的运作情况,更好地把握管理的实际需求。这种参与过程中,学生需要共同协商、制定规则,并共同承担管理责任,从而培养起自律精神。学生在实际操作中,能够通过团结协作解决问题,培养团队精神和解决实际问题的能力,同时也增强了对共同事务的责任感。

通过发动学生的积极主动精神,让他们参与到宿舍和食堂的民主管理中,不仅能够有效地解决实际问题,还能够在过程中培养学生的自律精神,使他们更好地适应团队合作、社会生活的要求。这种参与式管理有助于促进学生全面发展,培养他们在未来社会中具备更强综合素养的能力。

(三)培养学生公平诚实的精神

一个学习阶段的结束意味着大量的工作需完成,包括奖学金评定、优秀学生和学生干部的评选以及毕业鉴定等。这些任务可以通过发动学生民主讨论来完成,通过讨论真实反映各方情况,培养同学的公平诚实精神。学生民主讨论是促进集体决策和参与的有效途径,能够使学生更好地理解和参与学校的管理工作。通过开展这样的讨论,不仅能够确保决策的公正和合理,还有助于培养学生的团队协作和民主参与意识,为学生的综合素质提升创造有利条件。

(四)培养学生社会主义民主意识和民主精神

在强调坚持四项基本原则的前提下,对学生组织的活动应尽量放手,让学生自己去组织活动,并严格按照民主程序处理日常工作。这种做法体现了在社会主义教育体系中培养学生自主能力的理念。通过放手让学生主导组织活动,他们有机会锻炼领导才能、团队协作和解决问题的能力。在活动的执行过程中,严格按照民主程序进行决策和执行,有助于培养学生对集体利益的责任心和意识。这种管理方式不仅加强了学生组织的活力和凝聚力,同时也为学生提供了更广泛的参与机会,促使他们在实践中形成独立思考和负责任的态度,有利于培养社会主义核心价值观。

第四节　高校学生社团活动的管理

学生社团是在学校批准的前提下,由本校学生自愿组织的群众性团体,近年来得到了迅速发展。社团活动已成为学生丰富课外生活、提升综合素质的重要形式之一。加强对社团活动的管理成为学生自我管理和民主管理的重要任务之一。通过有效管理,可以促使社团更好地发挥作用,提供更多有益的课外体验,同时保障学生的安全和权益,营造积极向上的校园文化氛围。学校应加强对社团活动的规范引导,以确保社团活动的有序进行,充分发挥其对学生全面发展的积极作用。

一、学生社团的发展和作用

(一)学生社团的发展概况

学生社团的发展在中国具有悠久的历史,可以追溯到清政府在 1898 年筹办京师大学堂的时期。然而,现代中国的学生社团起源于 1920 年,当时在北京大学学生邓中夏等 19 人的组织下,成立了"马克思学说研究会",这标志着中国迎来了第一个大学生社团组织。随后,其他地区的青年学生也相继成立了以研究马克思学说为主题的社团。特别值得注意的是,在湖南,毛泽东和何叔衡组织领导了"俄罗斯研究会"。这些学生社团在中国革命中发挥了巨大的历史推动作用。

在当代中国高等学府中,学生社团组织的发展近年来如雨后春笋,无论是在数量、活动范围还是参与人数方面,都远远超过以往的历史时期。学生社团活动已经成为大学生课外活动的重要组成部分。目前,高校学生社团组织按照其活动性质可以分为兴趣型社团、学术型社团和服务型社团等三大类。兴趣型社团是由志同道合的学生根据兴趣爱好自愿组成的，如桥牌协会、文学社、书法社等；学术型社团则以专业学习、研究和交流为目的，如经济管理协会、科学技术协会等；服务型社团则主要提供科技、文化服务和劳务服务，包括各种科技、文化中心。

还有由学校组织或直接指导下开展活动的文化型社团和新闻型社团。根据有关调查数据显示，在1983年底，北京市高校就有291个学生社团，参与活动的学生占大学生总数的14%；到1986年11月，社团总数发展到500多个，参与活动的学生占大学生总数的30%。这一数据反映了全国高校学生社团发展的积极态势。学生社团的兴起不仅为学生提供了更多参与社会、实践专业技能的平台，也丰富了校园文化生活。通过参与社团活动，学生能够培养团队协作精神、领导力和创新思维，为他们未来的职业发展打下坚实基础。在这个充满活力的社团体系中，学生能够在不同领域找到自己的兴趣点，拓展视野，丰富人生经验。

（二）学生社团的作用

学生社团组织是学生自我管理和自我教育的重要形式，无论其类型，都在学生的成长中发挥着重要作用。通过社团活动，具有共同兴趣爱好的学生得以组织起来，丰富课余生活，拓展知识视野，促进同学间的友谊，培养集体观念和协作精神，提升实际工作能力。不同类型的社团组织能够吸引不同兴趣的学生，调动学习积极性，助力他们在各自领域取得进步和发展。各类型社团组织都有其独特的作用。学术型社团组织促进学习积极性、主动性和钻研精神；兴趣型社团活动丰富文化生活，陶冶情操，提高文明修养水平；服务型社团活动培养劳动观点和群众观点，加深对国情民情的了解，强化社会责任感和历史使命感；文化型和新闻型社团则在专业训练方面发挥着关键作用。

然而，我们必须正视社团活动可能带来的问题。一些社团可能超越其活动范围，内部管理混乱，未经批准擅自成立，甚至可能被滥用为进行非法活动的平台。这些问题表明，对学生社团活动的引导和管理至关重要。若管理不善，有可能对学生的健康成长产生负面影响，甚至成为不法分子渗透和滥用的工具。加强对学生社团活动的引导和管理显得非常必要。有效管理能够确保社团组织发挥正面作用，促进学生全面发展，并防范可能存在的问题和风险。通过引导和规范，我们能够让学生社团真正成为推动学生成长、培养社会主义新一代人才的重要平台。

二、学生社团的申请、成立和解散

(一) 学生社团申请成立的基本条件

学生社团与其他社会团体有所不同，它是由本校学生自愿组织的群众性团体。在具备兴趣和爱好相近的基础上，学生可以自愿向学校提出成立社团的申请。然而，在申请成立社团时，必须具备以下基本条件。这包括合法合规的组织程序，确保社团的合法性和规范运作；明确的组织宗旨和活动方向，以确保社团的目标和活动符合学校的教育方针；有一定数量的成员基础，以确保社团有足够的凝聚力和活力。这些基本条件的满足有助于确保学生社团的正常运行，并使其在校园内发挥积极作用。

(1) 社团章程的明确规定是确保学生社团正常运作和发展的基础。在社团章程中，必须清晰地阐述社团的宗旨和活动目的，同时强调不得违反四项基本原则，禁止从事对学生身心健康有害的活动。社团章程的制定应经过广泛的本社团成员讨论和通过，以确保成员对社团目标的认同和参与。

(2) 社团活动的规划与管理是社团正常运作的重要环节。在章程中，必须明确社团活动的内容、开展方式、时间安排以及社团成员的接纳办法。活动内容应与社团宗旨相一致，以丰富和补充课堂知识、促进课外生活为主要目标。活动一般应在课余时间进行，以保障社团成员的正常学习。社团成员的接纳和调整应有规定和程序，防止个人独断行为的发生。

(3) 组织领导机构的合理设置是社团有效运作的关键。在章程中，要明确社团的组织结构和领导机构，遵循便于组织和开展活动的原则，避免繁琐和庞大的机构设置。社团筹备阶段应有指定的临时负责人，成立后应通过民主选举或协商选出正式负责人。负责人需要具备政治思想好、努力学习、熟悉业务、热心社会工作和组织领导能力等基本条件。专业性较强的学习社团还应考虑聘请指导教师进行指导。

(4) 活动经费的来源和管理是社团运作的经济基础。在章程中，可以规定社团成员缴纳一次或定期的少量会费，或者采取其他正当方式筹集经费，但必须经过社团成员同意和可能承担的前提。无论经费来源如何，都需要建立可靠的管理办法，包括专门机构或专人进行经费管理，并定期公布收支情况，以确保经费使用的透明和公正。

（二）学生社团的成立

1. 申请成立学生社团的程序

学生社团的筹建过程相对简单，一旦同时具备四个基本条件，便可正式提出申请。这一申请需要经过集体讨论，确保全体成员的共识，然后由社团筹备负责人提交正式的书面申请给学校相关部门。正式书面申请的内容应涵盖多个方面，包括申请成立社团的原因和理由，拟定的社团名称，社团章程和宗旨，社团规模和现有成员数，以及详细描述社团的活动内容和方式。还需要提供社团筹备负责人的基本情况，明确社团活动经费的来源和管理办法等方面的信息。

提交正式书面申请后，必须通过集体讨论获得成员的通过，随后由社团筹备负责人将申请提交给学校相关部门，并向这些部门提供必要的说明。如果学校尚未设立专门的学生社团审批部门，申请可直接交至与本社团活动内容相近的学校有关部门。这一流程旨在确保学生社团的合法性和规范运作，使其在校园内顺利成立并能够有效地开展各项活动。

2. 学生社团的批准

学校有关部门在学生社团的管理中扮演着重要角色。学校有关部门必须接受学生社团的申请、批准等事宜。在决定是否批准某个学生社团成立之前，有关部门应对正式书面申请的内容进行审查，并进行必要的实地调查和了解。这一审查过程有助于确保学生社团的合法性和活动内容的合理性。

一旦有关部门做出了批准或不予批准的决定，必须向社团筹备负责人发出书面通知，明确决定的理由。对于批准成立的社团，有关部门应规定该社团的主管部门，并在必要时指定辅导教师。这有助于确保学生社团在活动中得到适当的指导和管理，以维护校园秩序和社团的正常运作。对于未被批准的社团，学校有关部门有责任详细说明拒绝批准的理由，并进行必要的解释工作。这种透明的处理方式有助于防范潜在的误解和不满情绪，同时促使学生社团更加理性地面对拒绝，并有可能在后续提出修正或重新申请。

在学校有关部门批准后，学生社团方可正式成立并开展活动。需要特别强调的是，未经批准的社团不得成立和开展活动。同时，学校明确指出，跨学校、跨地区、面向社会的团体不属于学校社团范畴。这意味着,学生若有意成立此类社会团体,需遵循国家相关规定,按照《社会团体登记管理条例》的规定进行申请,学校则无权受理此类申请。这一系列规定和程序有助于建立健全的学生社团管理机制,保障社团活动的合法性和有序进行,同时在规范学生社团的同时,培养学生的组织能力和团队协作精神。

(三) 学生社团的解散

学生社团的解散,包括自行解散和强制解散两种。

1. 学生社团的自行解散

学生社团成员的流动性大,导致社团组织的人员构成常常发生变化,这可能带来社团活动的停滞或组织自行解散的情况。在学生社团自行解散的情况下,必须向批准成立的部门报告。报告过程中,社团需要妥善处理遗留的经费和物资。对于社团遗留的经费和物资,如果属于个人所有,应当返还给相应的个人成员。而对于其他剩余部分,则需上缴给学校。这一措施有助于保障资源的合理利用,确保社团解散时的经济和物质事务得以妥善处理。

通过规范社团自行解散的程序,学校能够更好地管理社团组织的变动,并确保解散过程的公正和透明。这种管理方式有助于维护社团的合法权益,避免资源的浪费,同时也为学生提供了更加有序和稳定的社团活动环境。

2. 学生社团的强制解散

学生社团在发展活动时,必须严格遵守相关法律和规定。若社团活动违反宪法、法律及有关法规,造成严重影响,或对学生身心健康造成严重损害,或干扰学校秩序,或与社团宗旨无关,即便经过劝告仍不改正,学校有关部门有权责令该社团停止活动,并进行强制解散。对于社团负责人和其他直接责任者,学校可以依据相关规定做出相应的处理,以确保校园内的社团活动符合法律法规,维护校园秩序和学生的身心健康。这一管理机制有助于保障学生社团活动的合法性和正当性,确保社团活动的举办不会对校园产生负面影响。

三、学生社团的活动和管理

(一)学生社团活动应遵循的基本原则

(1)学生社团在其运作中必须服从学校领导和管理,社团活动要遵纪守法。学校的相关部门和学生社团主管部门负责归口管理学生社团,并对其进行政治领导。学生社团应主动争取并自觉接受领导和管理,切忌出现脱离学校领导和管理的情况。社团活动必须符合我国宪法、法律以及学校的校规校纪的规定,不得对学校的教学秩序、工作秩序和生活秩序造成影响。社团活动应当在保障学生完成教学计划内学习的前提下进行,同时学生社团组织也要发挥自我管理和自我教育的作用,教育和帮助社团成员认真遵守宪法、法律和校规校纪。

学生社团活动的开展必须符合本社团宗旨。学生社团应认真按照确定的宗旨开展活动,不得从事与本社团宗旨无关的活动。一些社团不仅开展与宗旨无关的活动,还可能借社团之名进行非法的政治性活动,甚至成立反对派组织,进行反动宣传和煽动活动。这些行为都是绝对不能被允许和容忍的。加强对学生社团活动的引导和管理,确保社团活动符合法律法规和学校的规定,是维护校园秩序和社会稳定的重要举措。

(2)学生社团邀请校外人员到校进行社会政治活动和学术活动,需经学校同意。邀请专家、学者和知名人士进行演讲、座谈和社会政治活动对提升社团成员水平、丰富活动内容具有积极意义。但为加强管理,学生社团不得擅自邀请校外人员。邀请校外人员举办学术讲座、演讲、座谈等活动,需经学校批准。组织者应提前72小时向学校提出申请,说明活动内容、报告人和负责人姓名。学校应在活动前4小时内通知是否许可。活动不得违反宪法制度,宣传迷信,进行宗教活动,干扰校园秩序。违反规定者将根据校纪处理,正在进行的活动可被责令停止。

(3)学生社团创办面向校内的报刊必须经学校批准,且内容应限定在社团宗旨范围内。在创办面向校内报刊之前,学生社团需向学校有关部门提出申请,详细说明办刊宗旨、登载内容、出版周期、经费来源以及编辑人员组成等情况。未经学校批准,不得印刷、散发、张贴自办报刊。学生社团在创刊过程中应高度负责,认真选择稿件,力求减少错误,特别是要避免政治性失误。主动争取有关主管部门的帮助,确保报刊的质量。报刊应标明已获得学校有关部门批准的字样或标注批准号。若停止出版,必须向原批准部门报告。

学生在校的主要任务是学习，因此不提倡学生创办面向校外的报刊。若确有必要创办面向校外的报刊，必须按照相关规定向政府有关部门提出申请，并接受指导和管理。这一规定旨在确保学生社团的出版活动不会干扰学生正常学业，同时遵守法规，维护社团的合法权益。通过这些规定和管理措施，学校有力地引导和监督学生社团的出版活动，促使其更好地服务校内，同时保持出版活动的合法性和规范性。

（二）学生社团的管理

学生社团活动吸引了大量学生参与，涉及范围广泛，形式多样。学生社团的种类繁多，包括一般娱乐性、学术性、政治性等各种类型，既有正式合法的社团，也存在非正式和非法的组织。这多样性和广泛性增加了学生社团管理的难度，也提出了更高的管理要求。学校需要制定更为灵活和适应性强的管理机制，以确保各类社团能够在规范的框架内开展活动，同时维护校园的秩序和安全。这对于促进学生综合素质的发展和校园文化的繁荣至关重要。

1. 学生社团的管理

学生社团管理有许多工作要做。最主要的工作有哪些呢？

学校在加强学生社团管理工作方面需采取一系列措施。学校应强化对学生社团管理的领导，明确归口管理部门，配备或指定足够数量的管理人员，负责社团组织、社团讲座和社团报刊的审查、批准和管理等工作。学校党政领导要亲自主持研究并制定相关政策和措施，特别对涉及面广、影响大的社团组织或个人发生的问题进行亲自处理，确保社团管理的政策性和有效性。学校需要加强对社团发展方向的引导。为了帮助学生社团把握健康的发展方向，学校应提供支持和引导，特别是要教育和引导各个社团坚持正确的政治方向。为学术型和专业性较强的学生社团，可以派遣相关教师或管理人员进行业务辅导，并同时进行政治方向的引导。对于政治性较强的社团，要特别重视，派遣政治上坚定且政治理论水平较高的领导干部和教师担任指导教师，确保其政治方向、活动内容和形式不发生偏差。

再次，学校应强调社团负责人的培养和教育。社团负责人是学生中的骨干，其政治思想和品德素质直接关系到社团组织的健康发展。学校要将社团负责人纳入学生积极分子队伍，组织他们参与业余党校、团校和党章学习小组等学习活动，引导和帮助他们深入学习马克思主义理论,提高政治觉悟和理论水平,以及增强组织能力。定期与他们进行谈心,了解社团活动情况,帮助解决出现的问题,引导社团健康发展,确保社团负责人在思想和实践中能够成长和提高。

综合而言,通过加强领导、引导社团方向和培养社团负责人等措施,学校能够更有效地推动学生社团的健康发展,促进校园文化的繁荣。这将为学生提供更广泛的发展平台,培养他们的综合素质,推动校园精神文明建设取得更为显著的成果。

2. 非法组织和非法刊物的管理

非法组织和非法刊物主要指违反宪法和法律,以反对四项基本原则为宗旨的组织和刊物。广义而言,凡未经必要程序申报并得到批准,或活动内容违反国家法律法规的组织和刊物都属于非法。对这类组织和刊物,必须进行整顿或坚决取缔。在我国社会主义革命和建设过程中,特别是改革开放以来,曾经出现过非法组织和非法刊物的非法活动。这些行为对高校和整个社会的稳定,以及正在进行的建设和改革事业都带来了极大的破坏力。在进行社团管理的同时,高校管理工作者要特别注意防范非法组织和非法刊物,绝不允许它们以任何方式活动、印刷出版发行,也不允许其成员进行联合活动。一旦发现非法组织和非法刊物,要立即制止并配合有关部门依法取缔。对其成员,要根据不同情况给予必要的处理。

学生中可能存在一些自发性的团体,如"同乡会"等。这类组织在开始时可能并不显露出危害性,但随着时间推移,可能形成"小圈子",因此高等学校严禁成立"同乡会"、"老乡会"等团体。对已经成立的,应该积极劝阻、取缔,并强制解散,以维护校园的正常秩序。对这些问题的处理需要高校管理者的密切关注和有力措施,以确保学校内部的和谐稳定和社会主义教育的顺利进行。

参考文献

[1] 唐玉兔, 丁杰. 高校课程思政的实施与发展 [J]. 办公自动化, 2021, 26 (20): 31-32+22.

[2] 刘化龙, 戴波, 李海萍. 高校课程思政建设的实施路径探究 [J]. 北京石油化工学院学报, 2023, 31 (02): 75-78.

[3] 翟乐, 杜茹. 高校思政教育网络课程开发创新研究 [J]. 中国高等教育, 2023, (06): 27-30.

[4] 朱静. 新时期实现高校思政课程教育资源的有效整合 [J]. 湖北开放职业学院学报, 2020, 33 (20): 70-72.

[5] 周莹莹. 高校学生档案管理机构设置问题及对策研究 [J]. 北京档案, 2018, (03): 38-39.

[6] 钟丽鸿, 金京姬, 王强强. 高校教师信息管理系统设计初探 [J]. 现代职业教育, 2017 (10): 92-93.

[7] 闫婷婷. 高校教学档案规范管理的路径研究 [J]. 档案天地, 2022, (09): 61-64+24.

[8] 史敬伟. 高校科研管理信息化中的问题和对策 [J]. 中国管理信息化, 2021, 24 (05): 208-209.

[9] 侯明. 高校教学档案管理模式的创新 [J]. 文教资料, 2019, (14): 187-188.

[10] 李冬梅. 高校教学档案管理的创新模式分析 [J]. 兰台内外, 2018 (09): 25-26.

[11] 曹佳欣. 高校教学档案的发展历程及管理模式研究 [J]. 兰台内外, 2022 (27): 65-66+28.

[12] 潘霞. 以人为本的高校学生管理探究 [D]. 曲阜师范大学, 2012.

[13] 郭多, 武艳, 阳方. 高校教学档案管理存在的问题及数字化管理的探索 [J].

医学教育管理，2023，9（S1）：123-125.

[14] 丁夕.高校毕业生教学类档案自助查询打印项目建设实践[J].中国档案，2023，(07)：54-55.

[15] 黄金辉，范慧丽，曾欣平.基于人工智能的高校教学档案管理工作探究[J].办公室业务，2023，(08)：175-177.

[16] 王晓辉，张永进，刘洋等.高校教学档案的有效管理及利用探究[J].办公室业务，2022，(23)：142-145.

[17] 班宜辉，刘东，王勇等.基于多元评价理论的高校教师信息管理系统的设计与实现[J].当代教育实践与教学研究，2017，(10)：64-65.

[18] 杨涵潇.高校学生社团活动育人功能优化研究[J].才智，2023，(21)：169-172.

[19] 王娇娇.高校学生社团功能发挥存在的问题及对策研究[D].内蒙古师范大学，2022.

[20] 孙琳，乔梁.高校学生社团育人功能的实效性研究[J].吉林广播电视大学学报，2020，(09)：62-64.